AF204512

Deutsch in Alltag und Beruf

Intensivtrainer B1

Ulrike Moritz
Margret Rodi
Lutz Rohrmann

Ernst Klett Sprachen

Stuttgart

Von
Ulrike Moritz
Margret Rodi
Lutz Rohrmann

Projektleitung: Angela Kilimann, Annalisa Scarpa-Diewald
Redaktion: Carola Jeschke
Layoutkonzeption: Britta Petermeyer, Snow, München
Illustrationen: Hans-Jürgen Feldhaus, Feldhaus Text & Grafik, Münster
Satz: Franzis print & media GmbH, München
Umschlagsgestaltung: Studio Schübel, München
Titelbild: © Monkey Business – shutterstock.com und goodluz – shutterstock.com

Informationen und zu diesem Titel passende Produkte finden Sie auf: www.klett-sprachen.de/linie1

1. Auflage   1 ¹³ ¹² ¹¹ | 2026 25 24

© Ernst Klett Sprachen GmbH, Rotebühlstraße 77, 70178 Stuttgart, 2017

Alle Rechte vorbehalten. Die Nutzung der Inhalte für Text- und Data-Mining ist ausdrücklich vorbehalten und daher untersagt.

Das Werk und seine Teile sind urheberrechtlich geschützt. Jede Nutzung in anderen als den gesetzlich zugelassenen Fällen bedarf der vorherigen schriftlichen Einwilligung des Verlags.

Druck und Bindung: DRUCKEREI PLENK GmbH & Co. KG, Berchtesgaden

ISBN 978-3-12-607098-0

MIX
Paper from
responsible sources
FSC® C005370

Inhalt

1 Neue Nachbarn

nach 1

1 Wiederholung: Wortschatz zum Thema *Wohnen*

a Wie heißen die Räume? Schreiben Sie sie mit Artikel und Plural.

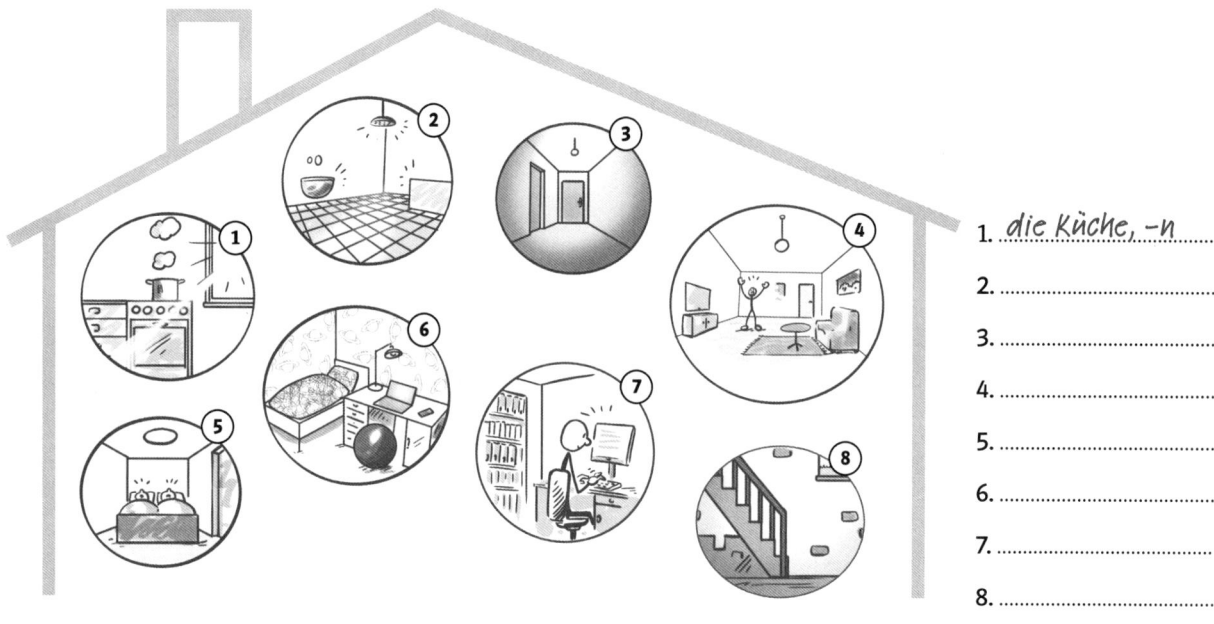

1. *die Küche, -n*
2. ....
3. ....
4. ....
5. ....
6. ....
7. ....
8. ....

b Was gibt es meistens in den Räumen von 1a? Schreiben Sie zu jedem Raum Wörter aus dem Silbenrätsel und ergänzen Sie weitere Wörter. Es gibt verschiedene Möglichkeiten.

Spie   ~~Ge~~   Re   Schreib   So   Lam   Spül   Kühl   Du   Va   Be   maschine
schrank   pe   se   fa   sche   gal   gel   steck   tisch   ~~schirr~~

die Küche: das Geschirr,

....

....

....

nach 2

2 Meine Nachbarin – Ergänzen Sie.

lachen   Staub   gießen   Ruhe   Rasen   ~~bohren~~   Briefkasten

Meine Nachbarin ist sehr praktisch! Sie hilft mir zum Beispiel, wenn ich in

meiner Wohnung etwas (1) *bohren* muss. Jeden Samstag mäht sie den

(2) .... in unserem gemeinsamen Garten. Wenn ich im Urlaub bin, (3) ....

sie meine Blumen und leert meinen (4) .... Ich habe nur ein Problem mit ihr:

Jeden Samstag um acht Uhr saugt sie (5) ....! Und sie (6) .... nur,

wenn ich sage, dass ich am Wochenende gerne morgens meine (7) .... hätte!

3 Rund um das Haus

a Schreiben Sie die Wörter mit Artikel zu dem Bild und ergänzen Sie weitere Wörter.

~~Liegestuhl~~   Baum   Dach   Balkon   Garage   Katze   Fenster   Tür   Blume   Wand   Mülltonne   Fahrrad   Hund

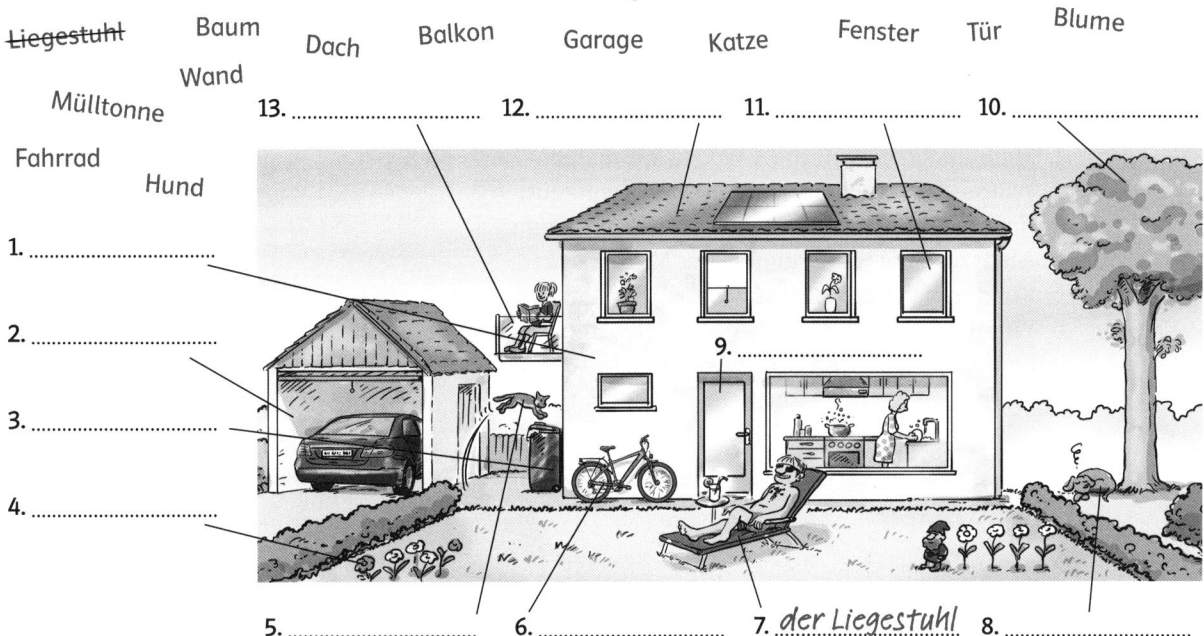

13. .... 12. .... 11. .... 10. ....

1. ....

2. ....

3. ....

4. ....

9. ....

5. .... 6. .... 7. *der Liegestuhl*   8. ....

b Wo ist was in 3a? Markieren Sie die passenden Präpositionen.

1. Das Fahrrad steht in/vor/unter dem Haus.

2. Der Liegestuhl steht zwischen/über/neben dem kleinen Tisch.

3. Herr Döring liegt vor/über/in dem Liegestuhl.

4. Die Mülltonne steht neben/zwischen/in dem Haus.

5. Der Hund liegt auf/hinter/unter dem Baum.

6. Die Tochter sitzt in/auf/an dem Balkon.

c Eine Stunde später. Wohin ...? – Schreiben Sie die Sätze und ergänzen Sie den Artikel im Akkusativ.

1. Die Katze / klettern / auf + Baum / .

   Die Katze klettert auf den Baum.
   ....

   > in + das = ins

2. Der Hund / gehen / in + Haus / .

   ....

3. Herr Döring / stellen / den Liegestuhl / in + Garage / .

   ....

4. Die Tochter / legen / ihr Buch / in + Regal / .

   ....

5. Frau Döring / sich setzen / vor + Fernseher / .

   ....

6. Herr Döring / stellen / das Geschirr / auf + Küchentisch / .

   ....

d Fünf Minuten später. Wer/Was ist jetzt wo...? – Schreiben Sie die Sätze aus 3c neu – mit dem Dativ.

   1. Die Katze ist auf dem Baum.

   > in + dem = im

4 Ich hätte eine Bitte.

a Ups, falsches Verb! – Streichen Sie das falsche Verb und schreiben Sie sinnvolle Sätze.

gießen   annehmen   leeren   kaufen   ~~spazieren gehen~~   füttern   bringen   mitbringen

1. Könnten Sie bitte nächste Woche mit meinem Hund ~~gießen~~?
2. Würdest du gleich den Müll zur Mülltonne füttern?
3. Kannst du vielleicht morgen mein Paket leeren?
4. Gießt du bitte später einen Liter Milch?
5. Könntet ihr gleich Brot vom Supermarkt annehmen?
6. Würden Sie im August meinen Briefkasten bringen?
7. Können Sie bitte am Wochenende meine Blumen mitbringen?
8. Würdet ihr am Dienstag meine Katze kaufen?

1. Könnten Sie bitte nächste Woche mit meinem Hund spazieren gehen?

b Zwei Mitteilungen – Ergänzen Sie.

Lieb_e_ Frau Keuner,
leider wa____ Sie he____ früh sc____ weg,
a__ ich b__ Ihnen gekli_____ habe.
I__ habe ei__ Bitte: I__ fahre üb__ das
Woche_____ weg. Kön_____ Sie bi____
die Blu____ auf mei____ Balkon gie____
und mei____ Briefkasten lee____?
Die Schl_____ haben S__ ja schon.
Herzl_____ Dank und vi____ Grüße
Ihr Martin Launer

Hi Fabian,
leider ha____ ich ei____ Unfall u__ kann
ni____ laufen!
Kan____ du m__ ein biss_____ helfen u__
mit d__ Hund spaz_____ gehen? I__
brauche au__ noch e__ paar Sac____ aus
d__ Supermarkt …
U__ dann kan____ du viell_____ auch
gle____ noch mei____ Müll z__ Mülltonne
bri_____?
Danke u__ bis gle____,
Tamara

5 Die Hausordnung – Ergänzen Sie.

tnrenen   Spaplieltz   Lräm   aschlebßien   Mebwinohter   vtbeeorn   ~~Muriksuminetstne~~

1. Gitarre, Klavier und Flöte sind ...*Musikinstrumente*......... .

2. Man darf etwas nicht: Es ist ....

3. In der Mittagszeit und nachts soll man leise sein und darf keinen .... machen.

4. Die Personen, die mit mir in einer Wohnung wohnen, sind meine ....

5. Hier können die Kinder spielen: ....

6. Nach 22 Uhr soll man die Haustür ....

7. Es ist wichtig, den Müll zu ....

nach 5

6 Gut zusammen leben – Schreiben Sie die Sätze mit Infinitiv und *zu*.

1. Ich habe morgens keine Zeit, // joggen gehen.

   Ich habe morgens keine Zeit, joggen zu gehen.

2. Ich möchte aber bald anfangen, // regelmäßig Sport machen.

3. Mein Freund hat mir versprochen, // mit mir in eine Volleyballgruppe gehen.

4. Es ist nicht notwendig, // jeden Tag trainieren.

5. Es macht Spaß, // mit anderen zusammen Sport machen.

6. Ich habe keine Lust, // nur mit Männern zusammen trainieren.

7. Ich finde es schön, // zusammen mit Frauen spielen.

8. So ist es auch einfacher, // neue Freundinnen finden.

9. Es ist wichtig, // immer wieder neue Leute kennenlernen.

nach 6

7 Unser Hausmeister. Schreiben Sie Sätze mit *sowohl ... als auch*.

1. Herr Köhler ist am Dienstag und am Donnerstag da.

   1. Herr Köhler ist sowohl am Dienstag als auch am Donnerstag da.

2. Er macht die Gartenarbeit und den Winterdienst.

3. Er schneidet die Bäume und die Sträucher.

4. Er ist für die Sauberkeit und bei Störungen zuständig.

5. Er reinigt den Hof und die Flure.

6. Zu Weihnachten bekommt er von allen Hausbewohnern eine Karte und ein Geschenk.

Ihr Wortschatz

Nomen

der Abstellraum, ⸚e	....	die Neuigkeit, -en	....
der Bart, ⸚e	....	der Rasen, –	....
der Briefkasten, ⸚en	....	das Recht, -e	....
die Couch, -s oder -en	....	die Reinigung (Sg.)	....
das Dach, ⸚er	....	die Rente, -n	....
die Einrichtung, -en	....	die Rücksicht (Sg.)	....
die Hausordnung, -en	....	der Schmutz (Sg.)	....
die Gaststätte, -n	....	die Sicherheit, -en	....
die Innenstadt, ⸚e	....	der Staub (Sg.)	....
der Lärm (Sg.)	....	die Störung, -en	....
die Miete, -n	....	das Treppenhaus, ⸚er	....
die Mülltonne, -n	....	die Vorschrift, -en	....
die Nähe (Sg.)	....	die Wirtschaft, -en	....

Verben

abschließen	....	gucken	....
annehmen	....	klingeln	....
beruhigen	....	lassen	....
(sich) beschweren (bei + D. über + A.)	....	leihen	....
einziehen	....	pflegen	....
entsorgen	....	reinigen	....
füttern	....	sinken/steigen	....
gießen	....	trennen	....
grüßen	....	vermeiden	....

Adjektive

anwesend	....	faul	....
ärgerlich	....	notwendig	....
ernst	....	ständig	....

Andere Wörter

ebenfalls	....	mittlerweile	....
einerseits ... andererseits	....	sowohl ... als auch	....
erstens, zweitens, drittens, ...	....	weshalb	....
im Freien	....	zumindest	....

8 Ergänzen Sie Nomen aus „Ihr Wortschatz".

Ich lebe gerne in der (1) _Innenstadt_ . Natürlich ist der

(2) .... von den vielen Autos hier schon ein Nachteil. Aber in meinem Stadtteil kann

man noch richtig billig wohnen, die (3) .... hier sind niedrig. Und meine

Arbeit ist ganz in der (4) ...., das ist praktisch. Abends kann ich zu Fuß in eine

(5) .... gehen, Freundinnen und Freunde treffen und über die

(6) .... aus unserem Stadtteil reden.

9 Gespräche im Flur – Ergänzen Sie Verben aus „Ihr Wortschatz".

● Herr Gehrens hat heute Nacht schon wieder vergessen, die Haustür (1) _abzuschließen_ .

○ Ja, aber er hat gestern wieder ein Paket von mir (2) ....

● Weißt du eigentlich, wann die neuen Nachbarn (3) ....?

○ Nein, aber ich soll morgen den Maler in ihre Wohnung (4) ....

● Ach, könntest du mir bitte etwas Kaffee (5) ....?

○ Tut mir leid, ich habe selbst keinen im Haus. (6) .... doch bei Frau Mujus.

● Stimmt, die kann ich fragen. Sie (7) .... mich immer so nett!

10 Für Ihren Alltag – Schreiben Sie in Ihrer Sprache.

Welche Neuigkeiten gibt es bei dir? ....

Darf ich Sie um einen Gefallen bitten? ....

Könntest du mir helfen? ....

Ich schaffe das nicht allein. ....

Man sollte versuchen, Rücksicht zu nehmen. ....

Ich finde es wichtig, den Müll zu trennen. ....

Es macht Spaß, im Garten zu grillen. ....

Kann ich Ihnen etwas anbieten? ....

Ich möchte mich entschuldigen. ....

11 Ihre Wörter und Sätze – Schreiben Sie.

Ihre Sprache: Deutsch:

....

....

....

....

12 Ihr Text – Was gehört für Sie zu einer guten Nachbarschaft? Die Stichwörter helfen.

    🖊 **Schreiben Sie in Ihr Heft.**

Hilfe anbieten   zusammen feiern   Lärm   Sauberkeit   Rücksicht nehmen   Kinder

2 Hier kaufe ich ein.

nach 1

1 Ergänzen Sie die Dialoge.

1. Brötchen

Apfelkuchen   Bäcker   Ecke   ~~frischen Brötchen~~   ganz frisch   gekauft   Laden

● Wo hast du die (1) _frischen Brötchen_ geholt? Die sind super!

○ Direkt vom (2) .... Gleich bei mir um die

(3) .... ist ein kleiner (4).................................... .

● Und dieser (5) ....! Hast du den auch dort

(6) ....?

○ Ja, da ist immer alles (7) ....

2. Supermarkt

alles   brauche   brauche   einkaufen   Feiertag   nach Hause   Moment   Supermarkt

○ Ich muss auf dem Weg (1) .... noch

(2) .... Morgen ist ja (3) ....

● Ach ja, stimmt. Wohin gehst du?

○ Zum (4) .... in der Heinestraße. Da krieg ich gleich

(5) ...., was ich (6) ....!

● Warte noch einen (7) ...., ich komme mit, ich

(8) .... auch noch was.

3. Drucker

alles   bestellt   Bestellung   Drucker   gesagt   kommt   liefern   Sachen   Stunde

● Wir brauchen auch buntes Papier für den (1)....................................

Hast du das auch (2) ....?

○ Ich habe vor einer (3) .... die

(4) .... erledigt.

● Und wann (5) .... sie die (6) ....?

○ Sie haben (7) ...., dass (8) ....

heute noch (9) ....

nach 2

2 Schreiben Sie die Sätze im Heft. Beginnen Sie mit dem markierten Ausdruck.

1. habe / wenig Zeit / Ich /, // kaufe / am liebsten / online / ich / ein / deshalb / .
2. kaufe / ich / auf dem Markt / Obst und Gemüse /, // alles frisch / weil / da / ist / .
3. kaufe / ich / im Geschäft / Kleidung /, // ich / brauche / Beratung / denn / .
4. eingekauft / habe / im Supermarkt / immer / Ich /, // habe / entdeckt / ich / FOOD-ONLINE / bevor / .
5. einmal pro Woche / machen / Wir / einen großen Einkauf /, // wir beide / haben Zeit / wenn / .
6. wir / kaufen / beim Bäcker / Brot / um die Ecke /, // ist / es / da am besten / weil / .

1. Ich habe wenig Zeit, deshalb ...

3 Webbi – Ergänzen Sie den Text.

Im **WEBBI** Supermarkt kann m_a_ _n_ 24 Stu_____ täglich eink_____. Man

wä_____ im Inte_____ aus d___ Angebot a___ und gi___ an, wa___ WEBBI d___

Waren li_____ soll. Drei Stu_____ später i___ die Beste_____ im Ha___.

So sp_____ man Ze____ und Kos_____ für d___ Fahrt z___ Supermarkt. Eink_____ ab

ei_____ Wert v___ 100 Eu____ stellt **WEBBI** koste_____ zu. So einfach kann Einkaufen sein.

4 Reflexivpronomen

a Akkusativ und Dativ – Ergänzen Sie die Tabelle.

Personal-pronomen	Reflexivpronomen		Personal-pronomen	Reflexivpronomen	
	Akkusativ	Dativ		Akkusativ	Dativ
ich	_mich_	....	wir	....	....
du	....	_dir_	ihr	....	....
er/es/sie/man	....	....	sie/Sie	....	....

b Ergänzen Sie die Sätze.

dich   dich   dich   dir   dir   dir   mich   mich   ~~mir~~   mir   sich   uns   uns

1. Ich möchte _mir_......... etwas Schönes kaufen, aber ich kann .... nicht entscheiden.

2. Überlege ...., was du brauchst, und kaufe es .... dann.

3. Er fragt .... immer, wo er etwas noch billiger kaufen kann.

4. Wir müssen .... morgen festlegen, wann wir in Urlaub fahren wollen.

5. Wollen wir .... nicht zuerst darüber unterhalten, was wir im Urlaub machen wollen?

6. Im letzten Jahr hast du .... dann geärgert, weil du .... keinen Urlaub nehmen konntest.

7. Ich mache .... einen Tee, weil ich .... nicht gut fühle.

8. Wenn du .... langweilst, dann fühlst du .... immer schlecht.

5 Reklamationen – Ergänzen Sie die Verben.

ankommen   bestellen   funktionieren   gefallen   ~~liefern~~   reparieren   umtauschen   zurückschicken

1. WEBBI hat die falsche Ware ...._geliefert_.................

2. Wir hatten Rindfleisch .... und WEBBI hat Schweinefleisch geliefert.

3. Der neue Drucker ist heute ...., aber er .... nicht.

4. Wenn Ihnen das Handy nicht ...., können Sie es ....

5. Ich möchte das Hemd ...., weil es zu klein ist.

6. Wir können das Fahrrad nicht umtauschen, aber wir können es ....

6 *nicht/kein ... sondern* – **Schreiben Sie die Sätze.**

1. nicht / das Geld / Sie / zurück / bekommen / , // ersetzen / sondern / die Ware / wir / .
   Sie bekommen das Geld nicht zurück, sondern wir ersetzen die Ware.

2. kein / Ich / Klopapier / bestellt / habe / , // Servietten / sondern / .
   ....

3. kein / Das / Wiener Schnitzel / ist / , // ein Schweineschnitzel / sondern / .
   ....

4. die Hose / nicht umtauschen / möchte / Ich / , // will / zurück / mein Geld / sondern / ich / .
   ....

5. kein / Zimmer zur Straße / Ich / bestellt / habe / , // nach hinten / ein Zimmer / sondern / .
   ....

6. die Ware / Wir / nicht morgen / Ihnen / können / liefern / , // erst nächste Woche / sondern / .
   ....

7. nicht / verloren / habe / Ich / meinen Schlüssel / , // meinen Ausweis / sondern / .
   ....

8. bezahle / Ich / nicht heute / die Rechnung / , // morgen / sondern / .
   ....

nach 5

7 Wiederholung: Relativsätze im Nominativ – Schreiben Sie die Sätze wie im Beispiel.

1. Der Computer funktioniert nicht. Er steht in meinem Büro.
   Der Computer, der in meinem Büro steht, funktioniert nicht.

2. Das Papier ist weiß. Es ist im Drucker.
   ....

3. Die Lieferung ist falsch. Sie ist gestern angekommen.
   ....

4. Der Drucker ist kaputt. Er steht im Keller.
   ....

5. Das Paket sollte vor einer Woche da sein. Es ist heute angekommen.
   ....

6. Der Angestellte hatte keine Ahnung. Er sollte mich beraten.
   ....

7. Das Fest wird bestimmt sehr schön. Es findet morgen statt.
   ....

8. Der Ausflug war sehr interessant. Er ging nach Passau.
   ....

8 Relativsätze im Akkusativ – Ordnen Sie die Relativsätze zu.

1. Das Smartphone, *b̲*, ist schon kaputt.
2. Der Online-Shop, ☐, hat tolle Angebote.
3. Mein Freund, ☐, kauft viel zu viel im Internet ein.
4. Das Paket, ☐, war nicht für mich.
5. Unsere Chefin, ☐, hat viele neue Ideen.
6. Der Pullover, ☐, war viel zu groß für ihn.
7. Die Waren, ☐, sind nicht angekommen.
8. Unser Servicezentrum, ☐, hilft Ihnen bei Problemen.

a) das die Post heute ausliefern wollte
b) das ich vorgestern gekauft habe
c) das Sie von 8 bis 18 Uhr erreichen
d) den ich entdeckt habe
e) den mein Sohn gekauft hat
f) den ich seit der Schule kenne
g) die wir alle sehr respektieren
h) die wir letzte Woche bestellt haben

nach 6

9 Beim Einkaufen – Ergänzen Sie die Dialoge.

vorlassen   haben
vor   gehen
vor   eilig

dran   länger
vor   leid
warte   Moment

danke   bisschen
möchte   Gramm

● Könnten Sie mich bitte
(1) *vorlassen*? Ich habe
nur die Sachen hier, und ich
habe es (2) ....
○ Eilig (3) ....
wir es alle. Aber gut,
(4) .... Sie
(5) ...., bitte.

☐ Wer ist (1) ....?
○ Ich. Ich hätte gerne ...
● (2) .... mal
bitte, ich (3) ....
hier schon (4) ....!
○ Tut mir (5) ....,
ich wusste nicht, dass Sie
(6) .... mir da waren.

● Darf's ein (1) ....
mehr sein?
○ Nein (2) .... ,
ich (3) ....
wirklich nur 100
(4) ....
Wurst.

nach 7

10 Thema *Essen* – Welches Verb passt?

beraten   bezahlen   ernten   ~~finden~~   finden   genießen   schonen

1. Ich ....*finde*.......... es schlimm, wenn man Lebensmittel wegwirft.

2. Ich möchte für mein Essen einen fairen Preis ....

3. Zum Einkaufen nehme ich eine Tasche, ich will die Umwelt ....

4. Bei uns kann man im Sommer manche Früchte auf dem Feld selbst ....

5. In dem neuen Restaurant .... man etwas für jeden Geschmack.

6. Im Restaurant Beijing kann man chinesische Spezialitäten ....

7. Ich bin zum ersten Mal in einem Bio-Laden. Können Sie mich ....?

Ihr Wortschatz

Nomen

die Ausgabe, -n	....	die Mahnung, -en	....
der Betrag, ⸚e	....	das Material, -ien	....
die Ecke, -n	....	das Mehl *(Sg.)*	....
der Empfang, ⸚e	....	die Metzgerei, -en	....
die Entfernung, -en	....	der Ozean, -e	....
das Feld, -er	....	die Reklamation, -en	....
die Freude, -en	....	der Rest, -e	....
der Genuss, ⸚e	....	die Saison, -s/-en	....
der Geschmack, ⸚e	....	das Sonderangebot, -e	....
das Gewicht, -e	....	die Tankstelle, -n	....
der Händler, –	....	der Transport, -e	....
der Kunde, -n	....	die Umwelt *(Sg.)*	....
die Kundennummer, -n	....	die Ursache, -n	....
der Kundenservice *(Sg.)*	....	die Ware, -n	....
die Lieferung, -en	....	der Wert, -e	....
das Loch, ⸚er	....	die Zutat, -en	....

Verben

berechnen	....	schonen	....
bestätigen	....	überweisen	....
ernten	....	überzeugen	....
garantieren	....	umtauschen	....
konsumieren	....	verschwinden	....
reklamieren	....	zustellen	....

Adjektive

biologisch	....	gering	....
dringend	....	gesamt	....
ehrlich/unehrlich	....	reif	....
fern/nah	....	sauer/süß	....

Andere Wörter

anscheinend	....	kein/nicht …, sondern	....
kürzlich	....	spätestens	....

11 Ergänzen Sie Nomen aus „Ihr Wortschatz".

1. Ich finde, die Äpfel vom Bio-Bauern haben einen viel besseren ....*Geschmack*...

2. Bei uns kaufen Sie keine Packungen. Wir verkaufen alles nach ....

3. Wir haben heute ein ....: 500 Gramm Mandarinen nur 1,99 Euro.

4. Wir verkaufen nur Obst der ...., also kein Sommerobst im Winter.

5. Zum Brotbacken braucht man vor allem gutes ....

6. Wurst und Fleisch kaufen wir in der .... bei uns um die Ecke.

7. Wenn Sie den Kundenservice wegen einer .... anrufen, dann

   brauchen Sie Ihre ....

8. Ich habe vergessen, meine Rechnung zu bezahlen, und eine ....

   bekommen.

12 Ergänzen Sie Verben aus „Ihr Wortschatz".

1. Wir ....*berechnen*.......................... die Transportkosten nach der Entfernung.

2. Bitte .... Sie den Rechnungsbetrag auf unser Konto.

3. Wenn Ihnen die Ware nicht gefällt, können Sie sie ....

4. Wir .... Ihnen die Lieferung in 24 Stunden.

13 Für Ihren Alltag – Schreiben Sie in Ihrer Sprache.

Sie haben die falsche Ware geschickt.	....
Ich möchte etwas reklamieren.	....
Der Monitor funktioniert nicht.	....
Die Hose hat die falsche Größe.	....
Kann ich die Ware umtauschen?	....
Bekomme ich mein Geld zurück?	....
Ich bin dran.	....
Moment mal, ich warte hier schon länger.	....

14 Ihre Wörter und Sätze – Schreiben Sie.

Ihre Sprache: Deutsch:

....

....

....

....

15 Ihr Text – Thema *Einkaufen*: Was finden Sie in Deutschland besser und was in Ihrer Heimat? 🖊 **Schreiben Sie.**

In Deutschland finde ich gut, dass ... .
In meiner Heimat gibt es ...

3 Wir sind für Sie da.

nach 2

1 Versicherungen

a Wiederholung: Relativpronomen im Nominativ und Akkusativ – Ergänzen Sie.

Frau Haffner hat Herrn Moreno besucht, (1) ....*der*........ neu im Haus ist. Sie hat ihren Sohn Jan

mitgebracht, (2) .... Herr Moreno auch gerne kennenlernen wollte. In der Wohnung hat Jan mit

seinem Fußball, (3) .... er immer dabeihat, gespielt. Leider hat er eine Vase, (4) .... Herr

Moreno sehr mag, kaputt gemacht. Zum Glück hat Frau Haffner eine Versicherung, (5) .... den

Schaden bezahlt hat. Sie musste der Versicherung das Foto schicken, (6) .... sie von der kaputten

Vase gemacht hat. Die Quittung für die Vase, (7) .... Herr Moreno noch hatte, hat sie auch

mitgeschickt. Den Schaden, (8) .... Frau Haffner gemeldet hat, hat die Versicherung komplett

erstattet. Das Geld, (9) .... die Versicherung gezahlt hat, hat Herr Moreno auf seinem Konto.

b Eine Schadensmeldung – Ergänzen Sie.

erstatten   Monate   Kamera   Quittung

Dank   Versicherungsnummer   ~~geehrte~~

Boden

Anbei   Euro   freundlichen   Rückfragen   melden

Sehr (1) .....*geehrte*..... Damen und Herren,

hiermit möchte ich Ihnen einen Schaden (2) ....

Gestern, am 14. August, wollte ich die (3) .... von meinem

Freund Sebastian Geyer ausprobieren. Leider ist mir die Kamera auf den harten

(4) .... gefallen und sie ist kaputtgegangen. Die Kamera war sieben

(5) .... alt und hat 249 (6) .... gekostet.

(7) .... schicke ich Ihnen ein Foto von der kaputten Kamera und

die gescannte (8) .... Bitte (9) .... Sie den

Schaden so schnell wie möglich.

Bei (10) .... erreichen Sie mich unter 0175 555 4356.

Vielen (11) ....!

Mit (12) .... Grüßen

Tamara Kowalska

(13) ....: 2371-4358

c Welches Wort passt nicht? Streichen Sie es durch.

1. die Rechtsschutzversicherung   der Anwalt • ~~die Vase~~ • der Prozess • das Gericht

2. die Hausratversicherung   der Einbruch • der Wasserschaden • der Rechtsstreit

3. die Krankenversicherung   die Brille • das Haustier • die Arztkosten • die Operation

2 Was bedeuten die Ausdrücke zum Thema *Versicherung*? Ordnen Sie zu.

1. der Schadensfall
2. der Anspruch auf Zahlung
3. die Selbstbeteiligung
4. die Versicherungssumme
5. der Tarif
6. die Kündigung

a) So viel kostet die Versicherung für eine bestimmte Person.
b) Die Mitteilung, dass man die Versicherung nicht mehr möchte.
c) So viel Geld bekommt man maximal von der Versicherung.
d) Das Recht, Geld von der Versicherung zu bekommen.
e) Man hat etwas beschädigt oder kaputt gemacht.
f) Betrag, den man im Schadensfall selbst bezahlen muss.

3 Schreiben Sie die Fragen an eine Versicherungsvertreterin.

~~Haben Sie ein günstiges Angebot für eine Auslandskrankenversicherung?~~

Und was bezahlt die Versicherung dann?

Wann kann man die Versicherung kündigen?

Was kostet die Versicherung ungefähr im Jahr für zwei Erwachsene und ein Kind?

Können Sie mir bitte noch einmal genau sagen, was diese Versicherung kostet?

Wie funktioniert das dann mit der Bezahlung?

1. ● *Haben Sie ein günstiges Angebot für eine Auslandskrankenversicherung?* ....

   ○ Ja, natürlich, da haben wir einen sehr preiswerten Tarif für Sie.

2. ● ....

   ....

   ○ Ungefähr 40 Euro pro Jahr.

3. ● ....

   ....

   ○ Die Arzt- und Krankenhauskosten, Medikamente und im Notfall einen Rücktransport nach Hause.

4. ● ....

   ....

   ○ Sie zahlen im Ausland zuerst selbst und schicken uns dann die Rechnungen.

5. ● ....

   ....

   ○ Immer drei Monate vor Vertragsende.

6. ● ....

   ....

   ○ Sehr gerne. Dazu brauche ich aber noch einige Informationen von Ihnen.

4 Rund um das Konto

a Welches Verb passt nicht? Streichen Sie es durch.

1. ein Konto   brauchen • kündigen • ~~einzahlen~~

2. die Miete   beantragen • überweisen • bezahlen

3. ein Formular   ausfüllen • überweisen • schicken

4. Geld   speichern • einzahlen • abheben

5. Kontoauszüge   downloaden • kaufen • ausdrucken

b Mama, ich möchte endlich ein eigenes Konto!
Ergänzen Sie.

Geldautomaten   Bank

Bargeld   Post   EC-Karte

~~Konto~~   Dauerauftrag

überweisen

automatisch   Kreditkarte

● Mama, ich möchte endlich ein eigenes (1) Konto............!

○ Warum brauchst du denn mit 13 schon ein Konto?

● Ich finde das einfach praktisch! Dann kannst du für mein Taschengeld einen

   (2) D................................. machen. Dann bekomme ich mein Taschengeld jeden Monat

   (3) a................................. und muss dich nicht immer erinnern!

○ Aber das habe ich doch erst einmal vergessen!

● Ja, schon. Aber wenn ich ein Konto und eine (4) E................................. habe, dann kann

   ich auch einfach unterwegs am (5) G................................. Geld abheben oder in den

   Läden bezahlen. Dann muss ich nicht immer so viel (6) B.................................

   mitnehmen, das finde ich viel besser! Und Oma kann mir das Geld zum Geburtstag einfach

   (7) ü................................. und muss es nicht mehr mit der (8) P.................................

   schicken!

○ Hm, ja, das stimmt.

● Außerdem kann ich die Sachen, die ich mir im Internet bestelle, dann auch selbst bezahlen und muss

   nicht immer deine (9) K................................. benutzen.

○ Okay, das ist wirklich ein großer Vorteil! Wann hast du Zeit, wann gehen wir zusammen zur

   (10) B.................................?

nach 5

5 Hilfe, meine EC-Karte ist weg! – Was passt? Markieren Sie.

> ## EC-Karte weg? *Hier sind ein paar wichtige Tipps für Sie!*
>
> Speichern Sie die Nummer (1) der/**des**/dem Sperrnotrufs in Ihren Kontakten.
> Lassen Sie nach einem Verlust (2) Ihr/Ihrer/Ihres EC-Karte diese sofort sperren.
> Die Mitarbeiterinnen und Mitarbeiter (3) unsere/unser/unserer Filialen helfen
> Ihnen gerne weiter. Bei Diebstahl: Melden Sie der Polizei den Ort und den
> Zeitpunkt (4) dem/des/den Diebstahls.

nach 6

6 Wir fühlen uns schon sehr wohl hier.

a *weil* oder *obwohl*? Ergänzen Sie.

Ich bin nach Hamburg gezogen, (1) ....*weil*.......... ich in

Rumänien keine Arbeit gefunden habe. Das Wetter hier

gefällt mir, (2) .... es oft regnet und viele

das schrecklich finden. Es war sehr schwer, hier ein Zimmer

zu finden, (3) .... die Mieten sehr hoch sind.

(4) .... ich sehr lange gesucht habe, habe ich nur ein teures Zimmer gefunden.

Ich gehe selten essen, (5) .... das hier auch teuer ist. Aber ich koche gerne zu Hause,

(6) .... meine Küche sehr klein ist. Aber sie ist sehr gemütlich!

b Schreiben Sie Sätze mit *obwohl*.

1. Ich fühle mich wohl hier. Ich vermisse meine Familie.
2. Ich habe lange auf meinen Internetanschluss gewartet. Ich habe ihn sofort beantragt.
3. Ich habe schnell Freunde gefunden. Am Anfang habe ich hier niemanden gekannt.
4. Ich besuche oft meine Familie. Ich habe wenig Geld.

> *1. Ich fühle mich wohl hier, obwohl ich meine Familie vermisse.*
> *Obwohl ich meine Familie vermisse, fühle ich mich wohl hier.*

nach 7

7 Hilfe für Verbraucher – Welche Wörter passen zu welchem Thema? Ordnen Sie jeweils drei Wörter zu.

~~die Online-Buchung~~   das Girokonto   die Selbstbeteiligung   die Ferienwohnung   das Ticket

das Online-Banking   der Rechtsschutz   die Babynahrung   Pommes frites   der Schaden

die Kreditkarte   gesundes Essen

Reise: *die Online-Buchung,*............................   Versicherung: ....

....

Finanzen: ....   Ernährung: ....

....

Ihr Wortschatz

Nomen

der Anspruch, ⸚e ....

das Bargeld *(Sg.)* ....

die Broschüre, -n ....

der Dauerauftrag, ⸚e ....

der Einbrecher, – ....

der Einbruch, ⸚e ....

die Empfehlung, -en ....

die Eröffnung, -en
(eines Kontos) ....

die Filiale, -n ....

die Fläche, -n ....

der Geldautomat, -en ....

das Girokonto, -en ....

die IBAN, -s ....

der Internetanschluss, ⸚e ....

der Kredit, -e ....

die Kreditkarte, -n ....

die Kündigung, -en ....

die Mobilität *(Sg.)* ....

der Notruf, -e ....

die Quittung, -en ....

der Rechtsanwalt, ⸚e ....

die Rechtsanwältin, -nen ....

der Schaden, ⸚en ....

der Schutz *(Sg.)* ....

die Summe, -n ....

das Taschengeld *(Sg.)* ....

die Überweisung, -en ....

der Verbraucher, – ....

die Verbraucherin, -nen ....

der Verlust, -e ....

die Versicherung, -en ....

der Zeitpunkt, -e ....

Verben

abheben ....

akzeptieren ....

angeben ....

aufnehmen (einen Kredit) ....

ausdrucken ....

beschädigen ....

einzahlen ....

entstehen ....

erstatten (Kosten) ....

erwarten ....

senden ....

sperren ....

stehlen ....

unterstützen ....

Adjektive

abhängig ....

dicht ....

individuell ....

jährlich ....

komplett ....

kompliziert ....

mobil ....

sämtlich ....

zusätzlich ....

zuverlässig ....

Andere Wörter

erreichbar ....

obwohl ....

8 Ergänzen Sie Nomen aus „Ihr Wortschatz".

● Ich brauche eine Haftpflichtversicherung. Hast du vielleicht eine (1) E *mpfehlung* .... für mich?

○ Ich gebe dir eine (2) B............................ von meiner Versicherung. Da findest du alle Informationen.

◑ Ja, Versicherungen sind wirklich wichtig! Wir hatten (3) E........................... in unserer

Wohnung. Sie haben unser ganzes (4) B..........................., über 500 Euro, und meine

(5) K........................... gestohlen. Wir mussten der Polizei den genauen

(6) Z........................... des Einbruchs sagen. Aber unsere Versicherung hat zum Glück den

ganzen (7) S........................... erstattet!

9 Ergänzen Sie Verben aus „Ihr Wortschatz".

1. Die Verbraucherzentralen *unterstützen* .... Sie bei der Wahl der richtigen Versicherung.

2. Sie können unser Online-Angebot nur nutzen, wenn Sie unsere Geschäftsbedingungen

   ....

3. Wenn man im Ausland Geld ...., muss man oft eine Gebühr bezahlen.

4. Ich muss einen Kredit ...., weil ich mir ein Auto kaufen möchte.

5. Wenn man die EC-Karte verliert, muss man sie sofort .... lassen.

10 Für Ihren Alltag – Schreiben Sie in Ihrer Sprache.

Wie teuer ist die Versicherung? ....

Wann kann ich die Versicherung kündigen? ....

Eine große Rolle spielt … ....

Ich möchte ein Konto eröffnen. ....

Ich habe meine Kreditkarte verloren. ....

Ich möchte meine EC-Karte sperren lassen. ....

Meine IBAN-Nummer ist … ....

Das sehe ich auch/nicht so. ....

Ich habe ganz andere Erfahrungen gemacht. ....

11 Ihre Wörter und Sätze – Schreiben Sie.

Ihre Sprache: Deutsch:

....

....

....

....

12 Ihr Text – Wie fühlen Sie sich an Ihrem Wohnort? ✎ **Schreiben Sie einen Text in Ihr Heft. Die Stichwörter helfen.** Wohnung Essen Wetter Arbeit Freunde Stadtteil

*Ich fühle mich in Köln sehr wohl. Obwohl ich noch nicht
lange hier wohne, habe ich schon Freunde hier. …*

4 Schmeckt's?

nach 1

1 Lebensmittel – Schreiben Sie die Wörter richtig. Schreiben Sie auch den Artikel.

1. SEÜMGE   _das Gemüse_
2. TERBUT   ....
3. NIKSCHEN   ....
4. FELTOFKARN   ....
5. TROB   ....

6. RUSTW   ....
7. UNDELN   ....
8. ISCHFLE   ....
9. HEML   ....
10. TALAS   ....

nach 2

2 Wiederholung: *haben*, *sein* und Modalverben im Präteritum

a Ergänzen Sie die Endungen.

● (1) Muss _test_ du früher als Kind nach dem Essen in der Küche helfen?

○ Nein, ich (2) konn............ nach dem Essen gleich spielen gehen. Und wie war es bei euch?

● Mein Bruder und ich (3) durf............ nach dem Essen auch spielen, aber vor dem Essen (4) muss............

wir helfen: den Tisch decken und so.

◑ Bei uns (5) w............ das anders. Meine Eltern (6) hat............ wenig Zeit, weil beide viel gearbeitet haben.

Da (7) muss............ die ganze Familie in der Küche mithelfen, wenn wir zusammen essen (8) woll.............

Ich habe immer den Salat gemacht und meine Schwester (9) konn............ super Suppen kochen.

b Schreiben Sie das Verb im Präteritum.

1. ich soll   _ich sollte_
2. du willst   ....
3. wir sind   ....
4. ihr habt   ....
5. er darf   ....

6. Sie sollen   ....
7. sie kann   ....
8. du musst   ....
9. wir können   ....
10. ihr seid   ....

3 Präsens, Präteritum, Perfekt – Ergänzen Sie die fehlenden Formen.

1. kochen	kochte	_hat gekocht_
2.	erzählte	....
3. sagen	....	hat gesagt
4.	....	hat gebraucht
5. machen	machte	....
6.	ging	ist gegangen
7. helfen	half	....
8. essen	....	hat gegessen
9.	sprach	....
10.	....	ist geblieben

4 So war es früher – Schreiben Sie die Verben im Präteritum.

Als ich ein Kind (1) _war_ (sein), (2) .... (machen) wir

am Wochenende oft einen Ausflug. Wir (3) .... (wandern)

in den Bergen oder wir (4) .... (fahren) mit dem Fahrrad

an einen See. Manchmal (5) .... (essen) wir dann in einer

Wirtschaft zu Mittag oder wir (6) .... (machen) ein Picknick

auf einer Wiese. Das (7) .... (sein) immer besonders lustig.

Es (8) .... (geben) dann etwas Einfaches zu essen, Brot

mit Käse und Wurst oder Schinken zum Beispiel. Einen Apfel für jeden (9) .... (haben)

wir auf unseren Radtouren auch immer dabei. Und das frische Wasser aus den Bergen

(10) .... (schmecken) besonders gut! Ich erinnere mich gerne an diese Zeit.

5 Die Grillparty – Schreiben Sie mit den Wörtern eine Geschichte im Präteritum.

am Samstag – wir / grillen wollen
wir / in den Supermarkt gehen
dort – wir / Fleisch, Wurst, Brot und Salat einkaufen
um 17 Uhr – wir / sich im Park treffen
zuerst – wir / Fußball und Frisbee spielen
dann – wir / zusammen essen
um 21 Uhr – alle / satt sein
sehr lange – wir / im Park bleiben und sich unterhalten
wir / einen sehr schönen Abend haben

Am Samstag wollten wir grillen. Wir gingen ...

6 Zu Gast bei Freunden – Ergänzen Sie.

Schön, dass ihr da seid. Das (1) _Essen_ ist gleich fertig. Bitte setzt euch.

Tom, wir haben Durst. Kannst du bitte noch die (2) ....,

aus dem Kühlschrank holen und auf den (3) .... stellen?

Also, jetzt kommt die (4) ....: eine Suppe aus frischen Tomaten.

Die Suppe schmeckt sehr (5) .... Kannst du mir bitte das (6) .... geben?

Na klar! Und nehmt ruhig noch mehr. Ich habe (7) .... gekocht.

Ich bin leider schon ganz (8) ....

Das geht nicht! Du musst auch noch den (9) .... und die (10) .... probieren.

Alles (11) .... sehr gut! Ihr seid wirklich super (12) ....!

Vorspeise   Rezept

Köche

genug   Tisch

~~Essen~~   Braten

Nachspeise

lecker

Getränke

satt

schmeckt

7 deshalb? – trotzdem?

a Verbinden Sie die Sätze.

1. Anika war am Samstag krank,   a) trotzdem hat sie den Kuchen probiert.

2. Gema mag eigentlich keine Rosinen,   b) deshalb trank er keinen Alkohol.

3. Ich habe den Fisch etwas zu lange gebraten,   c) deshalb konnte sie nicht zu mir kommen.

4. Micha musste noch Auto fahren,   d) trotzdem haben wir noch einen Kaffee getrunken.

5. Vladi möchte dünner werden,   e) deshalb aß er nur sehr wenig.

6. Es war schon spät,   f) trotzdem schmeckte er allen gut.

7. Die Nachspeise habe ich zum ersten Mal gemacht,   g) deshalb war sie etwas zu süß.

b Verbinden Sie die Sätze mit *deshalb* oder *trotzdem*.

1. Am Sonntag war das Wetter nicht so schön. Wir haben einen Ausflug gemacht.

   Am Sonntag war das Wetter nicht so schön, trotzdem haben wir einen Ausflug gemacht.

2. Es war auch ein bisschen kalt. Wir haben warme Kleidung angezogen.

   ....

3. Nach ein paar Stunden hat es stark geregnet. Wir sind in ein Restaurant gegangen.

   ....

4. Die Küche war eigentlich geschlossen. Der Koch hat einen Imbiss für uns zubereitet.

   ....

5. Der Kellner war sehr freundlich. Wir haben ihm ein gutes Trinkgeld gegeben.

   ....

6. Abends war ich sehr müde. Ich habe noch Deutsch gelernt.

   ....

8 Eine Umfrage im Kurs – Ergänzen Sie die Wörter.

In unserem Deutschkurs haben wir eine Umf _rage_ zum Thema Es_____ gemacht. Wir ha_____ gefragt, welche Mahlz_____ besonders wichtig si___. Die Hälfte v___ uns hat ges_____, dass sie d___ Frühstück besonders wic_____ findet. Aber e___ Viertel von u___ frühstückt nicht od___ trinkt nur sch_____ eine Tasse Kaf_____, bevor er od___ sie aus d___ Haus geht. M___ dem Abendessen i___ es ganz ähn_____. Etwa ein Dri_____ sagt, dass s___ nicht oder n___ wenig zu Ab_____ essen. Sie mac_____ dann lieber Sp_____ oder treffen Fre_____. Für viele i___ das Abendessen ab___ sehr wichtig, de___ am Abend h___ man Zeit f___ eine gemeinsame Mahl_____ mit der Fam_____. Das Mittagessen fin_____ alle wichtig, ab___ viele essen n___ schnell ein Sand_____ oder einen Sa_____, weil sie ni_____ viel Zeit ha_____. Die meisten v___ uns sagen, da___ sie eigentlich al_____ essen. Aber in uns_____ Gruppe gibt es auch zwei Vegetarier.

9 Wiederholung: Schreiben Sie Tipps im Imperativ.

1. (du) weniger, aber öfter etwas essen   *Iss weniger, aber öfter etwas.*

2. (Sie) mehr Obst und Gemüse essen

3. (ihr) abends nicht so viel essen

4. (du) weniger Zucker nehmen

5. (ihr) viel Wasser trinken

6. (Sie) auf eine abwechslungsreiche
   Ernährung achten

7. (Sie) Obst und Gemüse immer gut waschen

8. (du) auch nicht vergessen, Sport zu machen

10 Eine kurze Präsentation

a Schreiben Sie die Sätze. Beginnen Sie mit den markierten Wörtern.

1. möchten / ich / über Bio-Produkte / sprechen / heute / .
2. drei Teile / haben / meine Präsentation / .
3. ich / sprechen / zuerst / über die Situation hier in Deutschland / .
4. dann / über die Situation in meinem Heimatland / berichten / ich / möchten / .
5. nennen / ich / ein paar Beispiele / auch / .
6. über Vor- und Nachteile von Bio-Lebensmitteln / anschließend / sprechen / ich / möchten / .
7. zum Schluss / Sie / mir / Fragen stellen / können / gerne / .
8. ich / zum ersten Punkt / kommen / nun / .

Heute möchte ich über Bio-Produkte sprechen.

b Feedback geben – Verbinden Sie.

1. Deine Präsentation
2. Dein Vortrag war
3. Du hast gesagt, dass Bio-Produkte
4. Ich konnte leider nicht alles verstehen,
5. Du hast klar und deutlich
6. Weil du viele Zahlen genannt hast,

a) sehr interessant, aber ich habe noch eine Frage.
b) weil du sehr schnell gesprochen hast.
c) fand ich deine Präsentation sehr informativ.
d) gesprochen. Das war super.
e) hat mir sehr gut gefallen.
f) sehr teuer sind. Kannst du dafür noch ein Beispiel geben?

Ihr Wortschatz

Nomen

die Arbeitswelt *(Sg.)*	....	die Hälfte, -n	....
die Bedeutung, -en	....	das Kilogramm, –	....
der Chip, -s	....	die Lieblingsspeise, -n	....
das Drittel, –	....	die Mahlzeit, -en	....
der Eindruck, ⸚e	....	die Mehrheit, -en	....
die Ernährung *(Sg.)*	....	die Nuss, ⸚e	....
der Ernährungsberater, –	....	die Pasta *(Sg.)*	....
die Ernährungsberaterin, -nen	....	das Rezept, -e	....
die Essgewohnheit, -en	....	das Sandwich, -s	....
das Essverhalten *(Sg.)*	....	der Snack, -s	....
das Feedback, -s	....	der Teilnehmer, –	....
das Fertiggericht, -e	....	die Teilnehmerin, -nen	....
das Festessen, –	....	das Tempo, -s	....
das Fotoalbum, -alben	....	das Verhalten *(Sg.)*	....
das Fett, -e	....	der Zuhörer, –	....
die Gewohnheit, -en	....	die Zuhörerin, -nen	....
das Gewürz, -e	....	der Zusammenhang, ⸚e	....

Verben

abnehmen	....	verändern	....
ändern	....	verbessern	....
(sich) ernähren	....	verbrauchen	....
fallen	....	zubereiten	....
teilnehmen (an + D.)	....	zustimmen	....

Adjektive

allergisch (gegen)	....	spannend/langweilig	....
berufstätig	....	schuld (sein)	....
deutlich	....	ungesund/gesund	....

Andere Wörter

deshalb	....	selber	....
noch	....	trotzdem	....

11 Ergänzen Sie die Sätze mit einem Nomen oder Adjektiv aus „Ihr Wortschatz".

Meine Präsentation zum Thema „So koche ich" hat den (1) ..... *Zuhörern* .... sehr gefallen. Ich habe

über typische Gerichte in meinem Heimatland gesprochen und meine (2) ....

vorgestellt. Viele (3) .... wollten später wissen, wie man sie zubereitet.

Natürlich habe ich allen das (4) .... gegeben. Ich habe auch über die

(5) .... von Salz und (6) .... gesprochen. Das fanden

alle sehr (7) ....

12 Ergänzen Sie Verben aus „Ihr Wortschatz".

Viele Menschen versuchen heutzutage, sich gesund zu (1) ..... *ernähren* .... Andere möchten

dünner werden und (2) .... Manchmal müssen sie deshalb ihre Essgewohnheiten

(3) .... und lernen, wie man andere Speisen (4) .... Meine Freundin

Carla hat an einem Workshop zum Thema gesundes Essen (5) .... Sie sagt, sie isst jetzt

viel abwechslungsreicher, fühlt sich aktiver und ihre Gesundheit hat sich (6) ....

13 Für Ihren Alltag – Schreiben Sie in Ihrer Sprache.

Bei uns gibt es oft/selten … ....

Zum Frühstück gehören für mich … ....

Eigentlich esse ich nicht gerne …, aber … ....

Am liebsten esse ich … ....

Als meine Oma jung war, … ....

Hast du schon … probiert? ....

Nimm dir / Nehmen Sie doch noch … ....

Hast du / Habt ihr schon gehört … ....

Ich wollte dir / euch noch erzählen, … ....

Ich möchte über das Thema … sprechen. ....

Ich möchte ein Beispiel nennen: … ....

14 Ihre Wörter und Sätze – Schreiben Sie.

Ihre Sprache:

Deutsch:

....

....

....

....

15 Ihr Text – Ein typisches Gericht. Schreiben Sie einen Text über ein typisches Gericht aus Ihrem Land. Wie heißt das Gericht? Was braucht man? Wie bereitet man es zu? Wann isst man es? ✏ Schreiben Sie in Ihr Heft.

Bei uns in … isst man oft … Das ist …

5 Jetzt verstehe ich das!

nach 1

1 Missverständnisse – Ergänzen Sie den Dialog.

Besprechung eine Viertelstunde eingeladen ersten Arbeitstag pünktlich

Ausbildung du sagst es wie immer zu spät komisch angeschaut

schick angezogen ~~was erzählen~~ Wie peinlich Erfahrung schlecht

○ Mensch, ich muss dir noch (1) _was erzählen_ ! Nina macht jetzt eine (2) ....

in einer Computerfirma. Gestern hatte sie ihren (3) .... Na ja, und sie

dachte: Die Firma ist klein und alle, die da arbeiten, sind jung. Also hat sie sich angezogen

(4) ....

● Oje!

○ Ja, genau, (5) ....! Gleich am ersten Tag war eine große (6) ....

mit der Chefin und mit einem wichtigen Kunden. Meine Freundin kam als Letzte in den Raum, fünf

Minuten (7) .... Alle waren (8) ...., und die Chefin

hat sie so (9) .... …

● (10) ....! Zur Arbeit zu spät kommen, das ist (11) ....

Aber privat kann man schon mal (12) .... später kommen, finde ich.

○ Ja, ich auch. Aber meine Eltern haben letzte Woche eine andere (13) ....

gemacht. Sie waren bei Bekannten aus Indien (14) .... und waren ganz

(15) .... da. Ihr Bekannter war sehr überrascht und sagte: „Oh, Sie sind schon

da?"

nach 2

2 Ergänzen Sie den Text.

Bezile Debeza

Deshalb spreche ich auch ein bisschen Igbo

In der Schule habe ich Englisch und ein bisschen Französisch gelernt

Seit vier Monaten lerne ich in einem Intensivkurs Deutsch

In meiner Familie spricht man viele Sprachen

Ich bin in Südafrika geboren. (1) _In meiner_ .... Die Mutter-

sprache von meinem Vater ist Shona. Meine Muttersprache ist Xhosa. (2) ....

.... Nach der Schule habe ich ein Jahr

in Nigeria gelebt. (3) ...., aber ich kann nicht gut

schreiben. Jetzt lebe ich mit meiner Frau zusammen in Deutschland. (4) ....

.... Später möchte ich gerne

nach Südafrika zurückgehen und im Tourismus arbeiten.

3 Worterklärungen – Ordnen Sie zu.

1. Wenn man jemanden falsch versteht,

2. Wenn Menschen zwei oder drei Sprachen sprechen,

3. Das Gegenteil von mündlich

4. Das Wort „beschließen" bedeutet

5. Die Sprache, die man als erste Sprache lernt,

6. Ein Kurs, der jede Woche viele Unterrichtsstunden hat,

7. Eine gute Hilfe beim Wörterlernen sind Lernkarten,

8. Wenn man oft die Gelegenheit hat,

a) besonders wenn man sie selbst schreibt.

b) ist ein Intensivkurs.

c) dann sind sie mehrsprachig.

d) Deutsch zu sprechen, lernt man schneller.

e) heißt schriftlich.

f) so etwas wie „entscheiden".

g) nennt man das ein Missverständnis.

h) nennt man die Muttersprache.

4 Futur mit *werden* – Schreiben Sie wie im Beispiel. Markieren Sie das Futur.

1. Ich lerne täglich 30 Minuten. (sofort)

   Ich werde ab sofort täglich 30 Minuten lernen.

2. Du bestehst die Prüfung. (sicher)

   Du

3. Wir machen einen Intensivkurs. (vermutlich)

4. Ihr versteht eure deutschen Nachbarn. (bald)

5. Sie sehen deutsches Fernsehen. (ab heute)

6. Zelica findet eine Arbeit. (schnell)

5 Ergänzen Sie den Text.

Mir macht Deu _t s c h_ Spaß, seit i___ mich mit d___ Leuten

unterhalten ka___. Manchmal muss ich mi___ anstrengen,

bis ich et_____ richtig verst_____. Aber keiner h___ ein Problem,

we___ ich nachfrage. Sei_____ ich in Berlin arbe_____, kommt

d___ immer seltener v___! Letzte Woc___ hatte ich me___

erstes Vorstellun_____ auf Deutsch. I___ war total

ängs_____ und nervös, b___ ich an der Rei___ war. Al___

waren dann se___ nett und freun_____. Als das Gesp_____

angefangen h___, ging meine Nervo_____ zum Glück w___

und ich konnte ohne Angst sprechen.

6 Temporale Nebensätze mit *seit/seitdem* oder *bis*

a Schreiben Sie die Sätze.

1. einen Platz / bekam / Ben / im Kurs / Bis / , // er / mit seinem Bruder / gelernt / hat / .

   Bis Ben einen Platz im Kurs bekam, hat er mit seinem Bruder gelernt.

2. besucht / mein Freund / den Deutschkurs / Seit / , // schon viel mehr / er / verstehen / kann / .

   ....

3. kaufen / ein Motorrad / Harkan / kann / Bis / , // noch viel Geld / er / verdienen / muss / .

   ....

4. ein Motorrad / hat / Mariam / Seitdem / , // immer / sie / damit / zur Arbeit / fährt / .

   ....

5. unsere Traumwohnung / wir / finden / Bis / , // dauern / es / noch eine Zeit lang / wird / .

   ....

6. eine neue Wohnung / ich / habe / Seitdem / , // gerne / zu Hause / ich / bin / .

   ....

b Wählen Sie *seit* oder *bis* und verbinden Sie die Sätze wie im Beispiel.

1. Ich kann mir Wörter viel besser merken. Ich arbeite mit Lernkarten.

2. Selika hat ihn in die Lerngruppe eingeladen. Rio hat das Lernen nie Spaß gemacht.

3. Wir haben viele neue Wörter gelernt. Wir lesen regelmäßig Zeitung.

4. Xenia sieht regelmäßig Filme im Fernsehen. Sie versteht immer besser Deutsch.

5. Es wird noch ein wenig dauern. Ich kann ein Vorstellungsgespräch auf Deutsch führen.

6. Mein Bruder ist total glücklich. Er hat seinen Deutschkurs erfolgreich beendet.

1. Ich kann mir Wörter viel besser merken, seit ich mit Lernkarten arbeite.
2. Bis ...

nach 5

7 Ergänzen Sie die Aussagen.

Fehler   Kritik   Ordnung   Respekt   üblich

ansprechen   zufrieden   kritisieren   ~~peinlich~~   toll

● Du, ich habe eine Frage. Es war mir echt (1) *peinlich* ...., wie der Chef mich kritisiert hat,

kann man in Deutschland jemanden so direkt (2) ....?

○ Niemand findet Kritik (3) ...., aber (4) .... muss man schon

offen (5) ....

● Bei uns ist es nicht (6) ...., dass man (7) .... offen ausspricht.

Man muss (8) .... zeigen. Was meinst du: Ist das in (9) ....,

wenn ich den Chef mal frage, ob er mit mir (10) .... ist?

8 Jemanden beruhigen – Ordnen Sie zu und schreiben Sie die Ausdrücke.

1. Alles halb
2. Das kann doch
3. Jeder macht
4. Keine
5. Mach dir bloß

a) Panik.
b) keine Sorgen.
c) mal einen Fehler.
d) jedem passieren.
e) so schlimm.

Alles halb so schlimm.

9 Tipps geben

a Modalverb *müssen* – Präsens, Präteritum und Konjunktiv II. Ergänzen Sie die Tabelle.

	Präsens	Präteritum	Konjunktiv II
ich	*muss*		
du		*musstest*	
er/es/sie/man			*müsste*
wir			
ihr			
sie/Sie			

b Schreiben Sie die Tipps.

1. doch mal / Probier /, // zu sprechen / mit deinem Chef / direkt / .
2. einen Rat / Wenn / geben darf / ich dir / : // nicht so viele / dir / Sorgen / Mach / .
3. würde / ich / mit den Kollegen / zuerst / sprechen / An deiner Stelle / .
4. überlegen / solltest / Du / dir /, // du / bei deinem Chef / entschuldigen / dich / kannst / wie / .
5. versuchen / Du / könntest /, // zu suchen / einen neuen Job / dir / .

Probier doch mal, mit ...

10 Tabuthemen – Ergänzen Sie den Text.

amüsiert   beleidigt   verdient   kennengelernt   merkwürdig   Politik
tabu   Büfett   unterhalten   Kultur   über   Öffentlichkeit

Ich habe mich auf der Party sehr gut (1) *amüsiert*. Es gab ein

tolles (2) .... mit vielen leckeren Sachen zum Essen.

Dann habe ich eine nette Frau (3) .... und wir haben uns

gut (4) .... Ich habe sie gefragt, warum sie keine Kinder

hat. Diese Frage fand sie (5) ...., aber sie war zum Glück

nicht (6) ...., sondern hat mir gesagt, dass das in Deutschland keine gute Frage ist.

Da haben wir eine ganz andere (7) .... Bei uns sollte man aber nicht über

(8) .... sprechen. Das ist (9) ...., weil das in der

(10) .... gefährlich sein kann. Wir sprechen auch häufig (11) ....

Geld, aber in Deutschland sagt niemand, wie viel er (12) ....

Ihr Wortschatz

Nomen

die Art, -en ....

das Büfett, -s ....

die Distanz, -en ....

das Gegenteil, -e ....

die Gelegenheit, -en ....

die Herausforderung, -en ....

der Konflikt, -e ....

die Kultur, -en ....

die Laune, -n ....

das Missverständnis, -se ....

die Panik (Sg.) ....

die Politik (Sg.) ....

die Religion, -en ....

der Respekt (Sg.) ....

die Sorge, -n ....

die Voraussetzung, -en ....

das Vorstellungsgespräch, -e ....

der Witz, -e ....

Verben

(sich) amüsieren ....

(sich) anstrengen ....

anwenden ....

behalten ....

bemerken ....

beschließen ....

gründen ....

herunterladen ....

kritisieren ....

leisten ....

retten ....

verzeihen ....

Adjektive

allmählich ....

ängstlich/mutig ....

augenblicklich ....

ernsthaft ....

gleichzeitig ....

mehrsprachig/einsprachig ....

merkwürdig ....

optimistisch/pessimistisch ....

sauer ....

schriftlich/mündlich ....

seltsam ....

stolz ....

tolerant/intolerant ....

üblich/unüblich ....

ungewöhnlich ....

zufällig ....

Andere Wörter

bis ....

dabei ....

höchstens ....

seit/seitdem ....

übrigens ....

tabu ....

11 Ergänzen Sie Nomen aus „Ihr Wortschatz".

1. Intolerant ist das ...Gegenteil... von tolerant.

2. War das ein ....? Also ich kann da nicht lachen.

3. Die Prüfung wird für mich eine echte ....

4. Für die meisten Jobs sind Deutschkenntnisse eine wichtige ....

5. Macht euch keine .... Wir schaffen das.

6. Viele Deutsche mögen zu viel Nähe nicht, sie brauchen mehr ....

7. Wenn mir beim Fahrradfahren ein Auto zu nah kommt, dann bekomme ich

....

12 Welches Verb passt nicht zu dem Nomen? Streichen Sie es durch.

1. einen Fehler   kritisieren • verzeihen • bemerken • ~~gründen~~
2. eine Person   beweisen • berühren • retten • bemerken
3. eine Regel   beschließen • anwenden • anstrengen • kritisieren
4. eine Information   suchen • herunterladen • amüsieren • bekommen

13 Für Ihren Alltag – Schreiben Sie in Ihrer Sprache.

In zwei Jahren werde ich gut Deutsch sprechen.   ....

Seit ich im Deutschkurs bin, habe ich viel gelernt.   ....

Bis der Kurs fertig ist, dauert es noch 6 Monate.   ....

Tut mir leid, das habe ich nicht gewusst.   ....

Ist es in Ordnung, wenn ich mit der Lehrerin spreche?   ....

Kann ich fragen, ob ich heute früher gehen kann?   ....

Probier doch mal die neue Wortschatz-App.   ....

An deiner Stelle würde ich mehr fernsehen.   ....

Wenn ich dir einen Rat geben darf: Keine Panik!   ....

Mach dir bloß keine Sorgen.   ....

Das kann doch jedem passieren.   ....

14 Ihre Wörter und Sätze – Schreiben Sie.

Ihre Sprache: Deutsch:

....

....

....

....

15 Ihr Text – Missverständnisse zwischen Menschen und Kulturen. ✏️ Erzählen Sie schriftlich ein oder zwei Beispiele.

Zu einem Geburtstagsfest habe ich mich ganz schick angezogen. Es war aber ein Garten-
fest und alle anderen kamen in Jeans und Freizeitkleidung. Das war mir peinlich.

6 Im Krankenhaus

nach 1

1 Gesundheit und Krankheit

a Markieren und schreiben Sie die Wörter zum Thema Krankenhaus. Schreiben Sie die Nomen mit Artikel.

ÜBERWEISUNG|VERSICHERTENKARTESTÜRZENWUNDEREINIGENNÄHENALLERGISCHVERLETZUNG
GEBROCHENRÖNTGENBILDUNTERSUCHUNGSCHMERZENMEDIKAMENTSPRITZEWEHTUN

die Überweisung, ...

b Ergänzen Sie Wörter aus 1a in der richtigen Form.

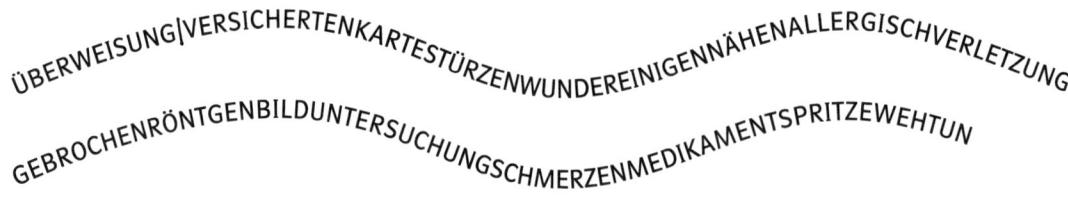

● Ich bin (1) ...*gestürzt*... Mein Fuß (2) .... sehr

.... Ist er (3) ....?

○ Das kann ich so nicht sagen. Wir müssen zuerst ein

(4) .... machen. Haben Sie auch noch

andere (5) ....?

● Ja, ich habe auch noch eine (6) .... am Arm.

○ Ich (7) .... die Wunde gleich, aber sie

ist zum Glück nicht so tief, (8) .... müssen wir sie nicht.

● Aber es tut so weh! Kann ich etwas gegen die (9) .... bekommen?

○ Ich gebe Ihnen gleich eine (10) .... Sind Sie gegen bestimmte Medikamente

(11) ....?

● Nein, Allergien habe ich keine.

nach 2

2 Ein Notruf – Ergänzen Sie.

● Notrufzentrale. W e r spricht bi____?

○ Mein Na___ ist Nicola Cassini. Hi___

gibt es ei____ Unfall.

● Wo i___ der Unf_____

denn pass_____?

○ In d___ Waldstraße, v___ dem Super_____.

● W___ ist gen___ passiert?

○ Ein Radfa_____ ist gest_____. Er li____ auf

dem Bod___ und blu____ am Ko___.

● Ist er anspr_____?

○ Nein, lei_____ nicht.

● H___ er no___ andere Verlet_____?

○ Nein, i___ glaube ni_____.

● Wir schi_____ sofort ei_____ Rettungswagen!

nach 3

3 In der Notaufnahme – Füllen Sie das Formular für Tamara Klein aus.

Tamara Klein ist am 24. Dezember 1995 geboren. Sie ist Angestellte bei K&L Dienstleistungen in München und bei der TK München versichert. Sie hatte am 7.7. um 14:30 in der Müllerstraße 34 in München einen Unfall, als sie zur Arbeit unterwegs war. Sie nimmt ab und zu ein Schmerzmittel, wenn sie Kopfweh hat. Tamara verträgt keine Milchprodukte. 2014 hatte sie eine Operation am Kopf.

Familien-/Vorname	Klein, Tamara	Geburtsdatum			
Krankenversicherung	☐ selbstständig	☐ angestellt	☐ arbeitslos	☐ mitversichert	
Name der Versicherung		Arbeitgeber:			
Unfall am		Uhrzeit:			
Unfallort		Unfallart: ☐ privat	☐ Arbeitsunfall		
Medikamente:		Einnahme wie oft:			
Allergien, Unverträglichkeiten:					
frühere Operationen:					

nach 4

4 Wozu?

a Schreiben Sie die Sätze mit *damit*.

1. Cem geht zur Ärztin. Sie untersucht ihn.

   Cem geht zur Ärztin, damit sie ihn untersucht.

2. Die Ärztin macht ein Röntgenbild. Sie sieht, ob etwas gebrochen ist.

3. Cem bekommt Tabletten. Die Schmerzen gehen weg.

4. Er muss eine Woche zu Hause bleiben. Er wird wieder gesund.

5. Er ruft seine Arbeitgeberin an. Sie weiß Bescheid.

b Schreiben Sie die Sätze mit *damit* und mit *um ... zu*.

1. Ich schalte mein Handy nie aus. Ich bin immer erreichbar.
2. Ich lerne Deutsch. Ich kann hier besser Arbeit finden.
3. Ich suche einen neuen Job. Ich bekomme interessantere Aufgaben.
4. Ich lade meine neue Nachbarin ein. Ich lerne sie kennen.
5. Ich möchte mehr Sport machen. Ich werde fitter.

   1. Ich schalte mein Handy nie aus, damit ich immer erreichbar bin.
   Ich schalte mein Handy nie aus, um immer erreichbar zu sein.

5 Ich habe Angst vor der Operation.

a Wiederholung: Reflexivpronomen im Akkusativ und im Dativ – Ergänzen Sie.

uns   ~~mich~~   mir   dich   mich   sich   mich   dir   mich

Liebe Anna,

ich hoffe, es geht dir gut! Tut mir leid, ich habe (1) ...*mich*...... lange nicht gemeldet! Aber ich

habe leider zurzeit so viele Probleme mit dem Knie. Können wir (2) .... vielleicht bald mal

darüber unterhalten? Die Ärzte im Krankenhaus wollten mich sofort operieren – aber ich fürchte

(3) .... so vor der Operation! Und ich ärgere (4) ...., wenn sie so schnell operieren

wollen. Meine Hausärztin soll (5) .... die Röntgenbilder auch ansehen. Ich möchte

(6) .... da nicht so schnell entscheiden, sondern ich will (7) .... das auf jeden Fall

noch mal ganz in Ruhe überlegen. Du hattest doch auch schon mal eine Knie-OP? Kannst du

(8) .... die Bilder auch mal ansehen? Meldest du (9) .... bald mal bei mir?

Tausend Dank,
Sebastian

b Gespräche mit Patienten – Schreiben Sie die Dialoge.

Dialog 1

● Ihnen / was / fehlen / denn / ?

  Was fehlt Ihnen denn?
  ....

○ gestern / den Arm / ich / brechen / mir / . // und / Angst / vor der Operation / haben / ich / .

  ....

  ....

● verstehen / können / ich / gut / das / .

  ....

Dialog 2

● wie / Sie / sich fühlen / denn heute / ?

  ....

○ ein bisschen schwach / sein / ich / heute / . // und / Angst / haben ich /, //
  dass / noch lange hierbleiben / müssen / ich / .

  ....

  ....

● leid / tun / das / mir / . // Sie / Schmerzen / haben / ?

  ....

○ Nein /, // eine Tablette / nehmen / vor einer Stunde / ich / .

  ....

6 Wir tun alles für Ihre Gesundheit.

a Schreiben Sie die Sätze mit *nicht nur ... sondern auch*.

1. Ich habe Schnupfen und Halsweh.
2. Ich schlafe im Krankenhaus und zu Hause schlecht.
3. Ich arbeite am Donnerstag und am Freitag.
4. Ich freue mich auf das Wochenende und auf den Urlaub.

1. Ich habe nicht nur Schnupfen, sondern auch Halsweh.

b Wiederholung: Schreiben Sie die Sätze aus 6 a mit *sowohl ... als auch*.

1. Ich habe sowohl Schnupfen als auch Halsweh.

c Ordnen Sie zu und schreiben Sie. Manchmal gibt es mehrere Möglichkeiten.

1. Wunden
2. Rechnungen
3. Büroarbeiten
4. Patienten
5. den Patienten Übungen
6. körperlich
7. beim Anziehen
8. sich um alte Menschen
9. Termine
10. alte Menschen bei Arztbesuchen

a) vereinbaren
b) kümmern
c) massieren
d) begleiten
e) erledigen
f) fit sein
g) schreiben
h) helfen
i) zeigen
j) versorgen

1. Wunden versorgen

7 Dialoge im Krankenhaus – Ordnen Sie zu.

Ja, supersüß, oder?   Gleich links neben der Cafeteria ist ein kleiner Laden.   Ja, Kaffee immer gerne!

Seit ein paar Wochen.   ~~Ist das anstrengend! Das schaffe ich nicht!~~

Wir müssen die Hand röntgen.

1. ● Jetzt heben Sie bitte zehnmal die Arme über den Kopf.

   ○ *Ist das anstrengend! Das schaffe ich nicht!* ....

2. ● Ist der Finger gebrochen?

   ○ ....

3. ● Schau mal, diese kleinen Füße!

   ○ ....

4. ● Seit wann haben Sie die Herzprobleme?

   ○ ....

5. ● Der Kaffee hier ist ganz okay. Möchtest du auch eine Tasse?

   ○ ....

6. ● Entschuldigung, wo kann ich hier eine Zeitung kaufen?

   ○ ....

Ihr Wortschatz

Nomen

die Allergie, -n	....	die Leiter, -n	....
der Altenpfleger, –	....	der Magen, ⸚	....
die Altenpflegerin, -nen	....	die Medizin *(Sg.)*	....
das Altersheim, -e	....	die Narkose, -n	....
der Appetit *(Sg.)*	....	die Notaufnahme, -n	....
der Arbeitgeber, –	....	der Notfall, ⸚e	....
die Arbeitgeberin, -nen	....	der Patient, -en	....
der Arzthelfer, –	....	die Patientin, -nen	....
die Arzthelferin, -nen	....	der Physiotherapeut, -en	....
die Arztpraxis, -praxen	....	die Physiotherapeutin, -nen	....
die Baustelle, -n	....	der Rollstuhl, ⸚e	....
die Diät, -en	....	der Schichtdienst *(Sg.)*	....
die Einnahme, -n (von Medikamenten)	....	das Schlafmittel, –	....
		der Schmerz, -en	....
die Entbindungsstation, -en	....	die Schulter, -n	....
die Entzündung, -en	....	die Spritze, -n	....
der Gips *(Sg.)*	....	die Versichertenkarte, -n	....
der Impfpass, ⸚e	....	die Wunde, -n	....
die Impfung, -en	....	der Zweck, -e	....

Verben

begleiten	....	operieren	....
betreuen	....	röntgen	....
bluten	....	stürzen	....
(sich) etwas brechen	....	sich verletzen (an + D.)	....
geschehen	....	versorgen	....
massieren	....	wehtun	....

Adjektive

ansprechbar	....	speziell	....
schwach/stark	....	tief/hoch	....

Andere Wörter

ab und zu	....	nicht nur ... sondern auch	....

8 Ergänzen Sie Nomen aus „Ihr Wortschatz" und weitere Nomen.

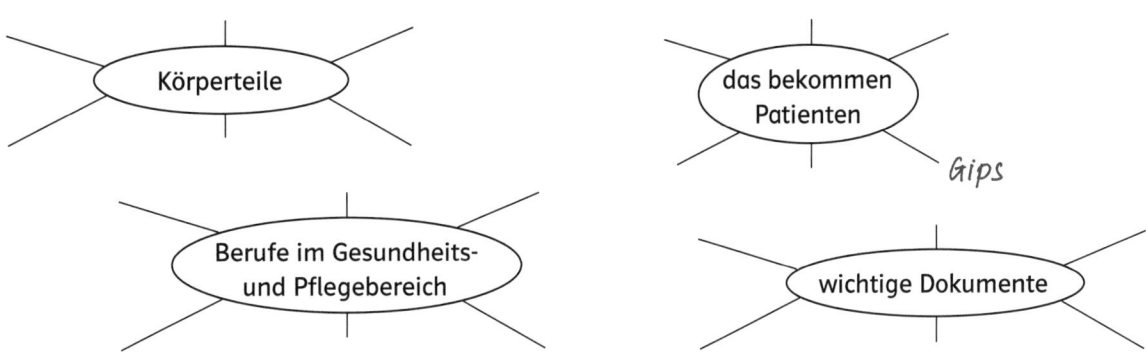

Körperteile

das bekommen
Patienten

Gips

Berufe im Gesundheits-
und Pflegebereich

wichtige Dokumente

9 Ergänzen Sie Verben aus „Ihr Wortschatz".

Ich bin gestern (1) ...*gestürzt*............................ und habe mich an der Schulter

(2) .... Es hat sehr (3) .... Ich hatte eine offene

Wunde, die stark (4) .... hat. Die Ärztin in der Notaufnahme hat die Wunde

(5) .... und gesagt: „Das müssen wir leider (6) ...."

Später musste ich dann regelmäßig Übungen machen.

10 Für Ihren Alltag – Schreiben Sie in Ihrer Sprache.

Schicken Sie schnell einen Notarzt.   ....

Meine Freundin hatte einen Unfall.   ....

Sie ist gestürzt und blutet am Kopf.   ....

Ich bin allergisch gegen ...   .

Ich nehme regelmäßig Medikamente.   ....

Ich muss eine spezielle Diät einhalten.   ....

Darüber möchte ich nicht reden.   ....

Ich habe Angst vor der Operation!   ....

Mach dir keine Sorgen!   ....

Wie fühlen Sie sich?   ....

Das wird schon wieder!   ....

11 Ihre Wörter und Sätze – Schreiben Sie.

Ihre Sprache: Deutsch:

....

....

....

12 Ihr Text – Was machen Sie, um gesund zu bleiben? 🖊 **Schreiben Sie zu den**

Stichwörtern fünf Sätze in Ihr Heft.

Ich esse jeden Tag einen Apfel. Außerdem ...

Obst essen   nicht rauchen

regelmäßig Sport machen

viel Tee trinken   schlafen   ...

7 Alles für die Umwelt

nach 2

1 Umwelt

a Welche Nomen zum Thema *Umwelt* finden Sie in der Wortschlange? Markieren Sie und schreiben Sie die Wörter mit Artikel und Plural.

umaltglaslupojofpfandflascheenwelplastiktütemelltenergievonualstofftascheeneumweltschutz kahcenverpackungumst

das Altglas (Sg.)

_____

b Ergänzen Sie die Sätze mit Wörtern aus 1a.

1. Marcel trennt den Müll. Er wirft das Papier und das __Altglas__ nicht in dieselbe Mülltonne.

2. Wir machen das Licht und die elektrischen Geräte immer aus, wenn wir aus dem Zimmer gehen. Das spart _____.

3. Zarah möchte beim Einkaufen etwas für die Umwelt tun, deshalb geht sie immer mit einem Korb oder einer _____ in den Supermarkt.

4. Beate kauft Getränke nur in _____. Die kann sie später in den Laden zurückbringen.

5. Wir versuchen, Produkte frisch und ohne _____ zu kaufen. Dann haben wir weniger Müll.

6. Früher bekam man in den Geschäften _____ umsonst. Heute muss man meistens dafür bezahlen.

7. Luis möchte mehr für den _____ tun. Deshalb arbeitet er in einer Arbeitsgruppe für mehr Radwege mit.

2 Wiederholung: Imperativ – Schreiben Sie die Tipps in der *du-* und in der *ihr*-Form.

1. Geräte mit der Energieklasse A+ bis A+++ kaufen
2. den Stecker immer aus der Steckdose ziehen
3. auf ein Vollbad verzichten und lieber duschen
4. ein Waschprogramm ohne Vorwäsche wählen
5. immer das Licht ausschalten
6. lieber einen dicken Pullover anziehen als viel zu heizen

1. *Kauf Geräte mit der Energieklasse A+ bis A+++. / Kauft Geräte mit der Energieklasse A+ bis A+++*

2. _____

3. _____

4. _____

5. _____

6. _____

3 Zustimmen, widersprechen, abwägen

a Schreiben Sie die Redemittel. Beginnen Sie mit dem markierten Wort. Schreiben Sie hinter die Sätze, ob Sie mit den Redemitteln zustimmen (z), widersprechen (w) oder abwägen (a).

1. du / haben / da / recht / . *Da hast du recht.* ....z....

2. anders / sehen / ich / das / . ...

3. nicht / vergessen / dürfen / man / , // ... .

4. damit / ich / einverstanden / sein / . ...

5. jeder / behaupten / das / können / . ...

6. das / so einfach / nicht / sein / . ...

7. widersprechen / hier / ich / müssen / . ...

8. zustimmen / ich / da / dir / . ...

b Ergänzen Sie den Dialog. Die Redemittel in 3a helfen.

● Eigentlich möchte ich mehr für den Umweltschutz tun, aber ich habe so wenig Zeit.

○ Das kann jeder (1) .....*behaupten*........ Du kannst zum Beispiel beim Einkaufen anfangen und nur noch Pfandflaschen kaufen.

● Da (2) .... ich dir zu, aber das mache ich schon lange.

○ Und wie ist es mit Verpackungen? Vermeidest du Müll?

● Naja, so (3) .... ist das nicht. Die meisten Produkte kann man ja nur mit Verpackung kaufen.

○ Nein, das (4) .... ich anders. Auf dem Markt kannst du vieles ohne Verpackung kaufen und ganz frisch ist es auch!

● Da hast du (5) ...., aber bei mir um die Ecke gibt es keinen Markt.

○ Da muss ich dir (6) .... Samstags gibt es den Markt auf dem Heine-Platz. Da bist du mit dem Fahrrad in 15 Minuten.

● Ah ja? Kommst du dann nächsten Samstag mit?

4 Auf dem Bauernhof – Ergänzen Sie die Nomen.

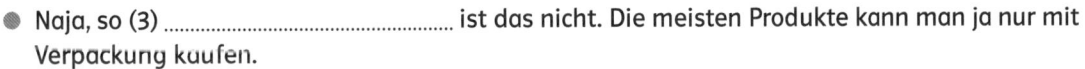

(Kreuzworträtsel mit den Buchstaben senkrecht: B A U E R N H O F)

1. die Person, die auf dem Bauernhof lebt und arbeitet
2. Gebäude, in dem Nr. 3 lebt
3. ein Tier, das Milch gibt
4. das braucht man, um Brot zu backen
5. es ist grün und Nr. 3 frisst es
6. wenn man Obst vom Baum holt
7. ein Tier, das Eier legt
8. eine Person, die nur zu einer bestimmten Zeit im Jahr hier arbeitet
9. ein Apfel und eine Birne sind das

5 Passiv

a So wird Apfelkuchen gemacht – Ergänzen Sie die Verben im Partizip II.

backen   ~~ernten~~   essen   dazugeben   mischen   schneiden   waschen

Die Äpfel werden (1) ..... *geerntet* .... Sie werden (2) .... und danach

in kleine Stücke (3) .... Mehl, Eier, Butter und Zucker werden

(4) .... Die Äpfel werden (5) .... Der Kuchen wird

ca. 60 Minuten bei 180° C im Ofen (6) .... Der Kuchen wird am besten zusammen

mit Vanilleeis (7) ....

b Was passiert ...? – Schreiben Sie die Sätze im Passiv.

1. auf dem Bauernhof?
   – die Rinder / füttern
   – das Getreide / anbauen
   – Obst und Gemüse / ernten

2. in der Bäckerei?
   – das Brot / backen
   – der Laden / morgens aufschließen
   – die Kunden / bedienen

3. im Kleiderladen?
   – die Ware / einkaufen
   – die Kunden / beraten
   – die Ware / verkaufen

1. Die Rinder werden gefüttert.
...

nach 5

6 Umweltschutz ganz praktisch

a Verbinden Sie die Vorschläge.

1. Du könntest

2. An deiner Stelle würde ich regionale Lebensmittel

3. Du solltest den Müll

4. Entsorge Glas und Papier

5. Ich würde aufs Autofahren verzichten

6. Man sollte Geld

a) immer in der richtigen Mülltonne.

b) und mehr mit dem Fahrrad fahren.

c) mit der Straßenbahn zur Arbeit fahren.

d) immer trennen.

e) für gute Projekte spenden.

f) auf dem Markt kaufen.

b Markieren Sie in 6a Redemittel für Tipps und Vorschläge und schreiben Sie eigene Vorschläge.

Du könntest ...

nach 7

7 Welches Wort passt nicht? Streichen Sie es durch.

1. der Mitschüler • der Schulfreund • ~~der Kollege~~
2. der Bleistift • der Block • das Heft
3. der Müll • der Abfall • der Stoff

4. die Alternative • die Einnahme • das Geld
5. recyceln • wiederverwerten • wegwerfen
6. transportieren • schützen • verschicken

8 Lesen Sie den Aushang und ergänzen Sie die fehlenden Wörter in den Kommentaren.

> Wir, die Klasse 8c, wollen etwas für die Umwelt tun. Deshalb sammeln wir am Sonnabend im Stadtpark Müll. Macht ihr mit? Wir treffen uns um 10 Uhr am Eingang Waldbühne.

Aktion   aufheben   engagieren

anfangen   bringt

mitmachen

sinnlos   ~~Umwelt~~

schmutzig

1. Superidee! Ich komme mit. Es ist immer sinnvoll, etwas für die ....*Umwelt*.......... zu tun.

2. Findest du? Das ist doch .... Am nächsten Tag ist sowieso alles wieder

   ....

3. Den Müll von anderen Leuten ....? Das .... doch nichts!

4. Es wäre einfach toll, wenn du auch .... würdest ☺!

5. Ich finde diese .... gut! Da können wir uns ganz praktisch ....

6. Irgendjemand muss doch mal ...., etwas zu tun.

9 Mein Jahr für die Umwelt

a Schreiben Sie die Wörter zu den Bildern.

~~die Erde~~   die Wiese   die Mücke   der Wissenschaftler   das Feuer   der Wald   die Pflanze

1. *die Erde*   2. ....   3. ....   4. ....   5. ....   6. ....   7. ....

....

b Schreiben Sie Sätze mit den Wörtern aus 9a.

Abgase sind schädlich für das Klima auf der Erde.

c Ergänzen Sie die Wörter im Kommentar zu Davids Blog.

Hanno 1	Ein Freiwilliges Ökologisches Jahr zu machen fi*nde* ich super. M___ engagiert sich
	f___ die Natur u___ lebt in d___ Natur. Das i___ sicher sehr inter_____! Für mich
	persö_____ ist das ab___ nichts. Ich fi_____ Umweltschutz zwar wic_____, aber
	ich le___ lieber in d___ Stadt. Ich möc_____ nicht im Re_____ durch den Wa___ wandern
	und v___ Insekten geärgert wer_____. Deshalb lese ich gerne deinen Blog – im Labor!

Ihr Wortschatz

Nomen

der Abfall, ⁺e	....	das Insekt, -en	....
die Alternative, -n	....	das Klima, Klimata	....
der Bauer, -n	....	die Kuh, ⁺e	....
die Bäuerin, -nen	....	das Labor, -e	....
die Biene, -n	....	die Mücke, -n	....
der Dreck (Sg.)	....	die Produktion, -en	....
die Einnahme, -n	....	das Rind, -er	....
die Erde	....	die Steckdose, -n	....
der Experte, -n	....	der Stecker, –	....
die Expertin, -nen	....	der Umweltschutz (Sg.)	....
das Feuer, –	....	die Umweltverschmutzung, -en	....
die Forschung, -en	....	der Vortrag, ⁺e	....
die Frucht, ⁺e	....	das Waschmittel, –	....
das Gift, -e	....	die Wiese, -n	....
das Gras, ⁺er	....	der Wissenschaftler, –	....
die Großstadt, ⁺e	....	die Wissenschaftlerin, -nen	....
der Hof, ⁺e	....	der Zweifel, –	....

Verben

atmen	....	schützen	....
(sich etwas) anschaffen	....	transportieren	....
aufheben	....	(sich) verabschieden	....
behaupten	....	verbieten	....
blühen	....	verzichten (auf + A.)	....
heizen	....	wachsen	....
produzieren	....	widersprechen	....

Adjektive

elektrisch	....	schädlich	....
global	....	sinnlos/sinnvoll	....
grundsätzlich	....	wahnsinnig	....
ökologisch	....	wertvoll	....

Andere Wörter

bisher	....	sonstig	....

10 Welche Wörter aus „Ihr Wortschatz" passen zu diesen Wortfeldern? Ergänzen Sie weitere Wörter, die Sie kennen.

Land und Natur	Stadt und Wohnung
der Bauer	*die Steckdose*

11 Ergänzen Sie Verben aus „Ihr Wortschatz".

1. Die Luft hier ist so schlecht, man kann kaum ...*atmen*............................. .

2. Für die Umwelt ist es schädlich, Waren um die ganze Welt zu ....

3. Wenn wir weniger Abfall produzieren, können wir die Umwelt ....

4. Es ist auch gut, im Winter weniger zu .... Man sollte lieber einen dicken Pullover anziehen.

5. Auf einen Urlaub möchten die meisten Menschen nicht ....

6. Ohne Wasser .... kein Getreide auf dem Feld.

7. Wenn die Blumen im Frühling ...., gibt es bei uns im Garten viele Bienen.

8. Marc ...., dass er kein Auto braucht. Glaubst du das?

12 Für Ihren Alltag – Schreiben Sie in Ihrer Sprache.

Da hast du recht.	....
Das sehe ich auch so.	....
Ich sehe das anders.	....
Hier möchte/muss ich widersprechen.	....
Das stimmt zum Teil, aber ...	....
Es ist sinnvoll, etwas für ... zu tun.	....
Das ist doch sinnlos!	....
Das bringt doch nichts!	....
Ich denke, das klappt schon!	....

13 Ihre Wörter und Sätze – Schreiben Sie.

Ihre Sprache:	Deutsch:
....	....
....	....
....	....
....	....

14 Ihr Text – Ist Umweltschutz ein Thema für Sie? Schreiben Sie einen kurzen Text und begründen Sie Ihre Meinung. ✐ Schreiben Sie in Ihr Heft.

Ich finde, Umweltschutz ist ...

8 Kultur an der Ruhr

nach 2

1 Ergänzen Sie den Text.

Leben · Skifahren · Neues · ~~seit~~ · Industriegebiet · Museen · sehenswert · weniger · Enttäuschung

Ich komme aus Bayern, aus Altötting. Ich lebe (1) _seit_ 20 Jahren im Ruhrgebiet und möchte hier nicht mehr weg. Ich gebe es ja zu: Oberbayern ist besser für das (2) .... und das Wandern, aber ich finde mein (3) .... hier echt spannend. Es ist das älteste (4) .... Deutsch- lands, und seit die alten Industrien immer (5) .... wichtig werden, ändert sich die Region. Alte Zechen und Fabriken verschwinden und (6) .... entsteht. Es gibt viele Dinge, die (7) .... sind. Alte Bergwerke, die man besuchen kann, tolle (8) ...., eine kreative Kultur- szene und und und … Neulich war ich das erste Mal in der Skihalle. Aber das war für jemand aus Bayern dann doch eine (9) ....

2 Verben und Nomen mit Präpositionen – Ergänzen Sie die Präpositionen und die Artikel.

~~auf~~ · auf · über · von · vor · für · auf

1. Ich freue mich _auf_ (A.) _unseren_ (unser) Ausflug nach Oberhausen zum „Gasometer".
2. Ich ärgere mich .... (A.) .... (der) Verkehr im Ruhrgebiet.
3. Ich interessiere mich .... (A.) .... (der) Ruhrtalradweg.
4. Ich halte nichts .... (D.) .... (eine) Skihalle in der Stadt.
5. Ich habe Angst .... (D.) .... (das) Fahrradfahren ohne Fahrradweg.
6. Ich habe Lust .... (A.) .... (ein) Besuch im Shopping „Centro Oberhausen".
7. Ich habe Appetit .... (A.) .... (eine) Portion Pommes.

3 *Wofür? – Dafür.*

a Schreiben Sie Fragen wie im Beispiel.

1. Fatih interessiert sich für Theater und Musik.   *Wofür interessiert er sich?*
2. Fatima hat Angst vor Gewittern.
3. Eric hat von seiner Prüfung geträumt.
4. Wir haben Lust auf Currywurst.
5. Sie haben über ihren Urlaub gesprochen.
6. Ibi hat sich über ihr Geburtstagsgeschenk gefreut.

b Ordnen Sie die Reaktionen zu.

1. ● Ich träume oft von Palmen am Meer.
2. ● Hast du auch Angst vor der Zukunft?
3. ● Ich freue mich so auf das Ende vom Kurs.
4. ● Ich halte gar nichts von Lerntipps.
5. ● Ich denke jeden Tag an die Prüfung.
6. ● Freust du dich auch über jeden warmen Tag?
7. ● Ich habe mich sehr über das Wetter geärgert.
8. ● Ich warte auf gutes Wetter.

a) ○ Daran will ich lieber gar nicht denken.
b) ○ Darauf freue ich mich auch.
c) ○ Darauf kannst du lange warten!
d) ○ Darüber ärgere ich mich auch jeden Tag.
e) ○ Davon würde ich auch gerne mal träumen.
f) ○ Na klar, wer freut sich nicht darüber.
g) ○ Nein, davor habe ich keine Angst.
h) ○ Was? Ich halte viel davon. Die helfen mir.

nach 4

4 Begeisterung und Enttäuschung – Was passt nicht zur Aussage? Streichen Sie durch.

1. Der neue James Bond ist ~~wirklich gut~~ / superlangweilig.   Den musst du nicht sehen.
2. Die Musik von Udo finde ich   total schlecht / echt gut.   Ich habe alle seine CDs.
3. Ich mag Currywurst   überhaupt nicht / total gerne.   Ich bin Vegetarier.
4. Das Bergbaumuseum war   unglaublich toll / echt langweilig.   Ich muss da noch mal hin.
5. Mein Bruder spricht   wirklich gut / super schlecht   Deutsch, seit er einen Job hat.

nach 5

5 Verben mit Präpositionen

a Fragen nach Personen und Sachen – Ordnen Sie die Sätze den Bildern zu.

1. Auf wen freust du dich?
2. Auf wen wartest du?
3. Für wen interessierst du dich?
4. Über wen hast du dich geärgert?
5. Wofür interessierst du dich?
6. Worauf freust du dich?
7. Worauf wartest du?
8. Worüber hast du dich geärgert?

A 2

B

C

D

E

F

G

H

b Ergänzen Sie die Fragen.

1. ● _Mit wem_ hast du dich getroffen?
   ○ Mit meinem Chef.

2. ● .... denkst du gerade?
   ○ An ein großes Eis mit Sahne.

3. ● .... hast du Blumen gekauft?
   ○ Für meine Mama.

4. ● .... regst du dich so auf?
   ○ Diese Formulare machen mich wahnsinnig.

5. ● .... freust du dich denn so?
   ○ Auf meinen Freund. Er kommt heute.

6. ● .... interessierst du dich?
   ○ Zum Beispiel für Judo.

7. ● .... hast du das Handy?
   ○ Das hat mir mein Bruder geschenkt.

8. ● .... regst du dich so auf?
   ○ Über meine Schwester! Sie ist unmöglich!

6 Wiederholung: Verwandtschaft – Ergänzen Sie die Tabelle.

der Opa	die Oma	der Enkel	
der Großvater	....	....	die Tante
der Vater	....	....	die Cousine
....	die Tochter	der Schwager	....
....	die Schwester	der Neffe	....

nach 6

7 Horsts Kiosk

a Was ist das? Schreiben Sie die Wörter mit Artikel und Plural zu den Bildern.

1. _das / der Ketchup_ ....

2. ....

3. ....

4. ....

5. ....

6. ....

7. ....

8. ....

b Ergänzen Sie den Text.

Horst wohnt im Kohlenpott und hat einen Kiosk. Bei Horst bek_ommt_ man nicht n___ Kaffee und Bi___,

Pommes mit Ket_____ oder mit Mayon_____, sondern auch Brief_____, Batterien, Seife,

Zigar_____ und ein Feue_____ dazu. Und natü_____ hat er je_____ Morgen die neues_____

Zeitungen. Horst ma_____ seinen Kiosk um ku___ vor sechs a___. Kurz nach se_____ kommen die ers_____

Kunden. Viele Kun_____ kennt er persö_____ und es i___ immer genug Ze___ für ein kur_____

Gespräch. Nach d___ Schule kommen d___ Kinder vorbei u___ kaufen Süßigkeiten. Horst hat auch

Schulh_____ und Kulis im Angebot. D___ Kiosk ist ni_____ nur ein La_____. Er ist ei__ Treffpunkt. Hier

erf_____ man d___ neuesten Nachrichten. Kioske wie den v___ Horst gibt es im____ weniger, weil die

Tankstellenshops eine große Konkurr_____ sind.

8 Vorschläge und Gegenvorschläge

a Ergänzen Sie die Dialoge.

Dialog 1

andere   finde   Idee   könnten   ~~schlage vor~~   so gut

● Ich (1) _schlage vor_, wir gehen morgen in die Zeche Zollverein.

○ Das ist eine gute (2) ....

◐ Also, ich (3) .... das nicht (4) .... Ich hätte eine

(5) .... Idee. Wir (6) .... eine Radtour machen.

Dialog 2

Dafür   echt   gibt es   könnten   lasst uns   Lasst uns   Lust auf   überhaupt

● Habt ihr (1) .... Kultur? Wir (2) ....

ins Theater gehen.

○ (3) .... interessiere ich mich (4) ....

nicht.

● Dann (5) .... doch in ein Konzert gehen.

○ Das finde ich (6) .... toll. Was (7) .... denn?

● Keine Ahnung. (8) .... doch im Internet nachsehen.

Dialog 3

besichtigen   Darauf   Davon   große Lust   Lasst uns   haltet   ziemlich

● Was (1) .... ihr davon, morgen die Zeche Zollverein zu (2) ....?

○ (3) .... habe ich auch (4) ....

◐ (5) .... halte ich nicht so viel. (6) .... lieber ins „CentrO

Oberhausen" shoppen gehen.

○ Das finde ich (7) .... langweilig.

◐ O.k. dann halt doch wieder eine Besichtigung.

b Schreiben Sie die Vorschläge.

1. du / davon / Was / hältst /, // zusammen kochen / wir / wenn / am Samstag / ?
2. vor / Ich / schlage /, // einen Ausflug machen / dass / gemeinsam / mal wieder / wir / .
3. ins Kino gehen / doch / nächstes Wochenende / Lass uns / .
4. bekomme / ich / Urlaub / Wenn /, // wir / wegfahren / an Ostern / könnten / ein paar Tage / .
5. ans Mittelmeer / würde gerne / fahren / Ich /, // das Wetter hier / ich / finde / furchtbar / weil / .
6. ihr / haltet / Was / davon /, // wir / eine große Party / organisieren / wenn / ?

Was hältst du ...

Ihr Wortschatz

Nomen

der Auftritt, -e ....

die Batterie, -n ....

die Begeisterung *(Sg.)* ....

die Briefmarke, -n ....

der Cousin, -s ....

die Cousine, -en ....

der/die Einheimische, -n ....

der Enkel, – ....

die Enkelin, -nen ....

die Enttäuschung, -en ....

das Feuerzeug, -e ....

das Industriegebäude, – ....

das Industriegebiet, -e ....

das Jahrzehnt, -e ....

der Kaugummi, -s ....

der/das Ketchup *(Sg.)* ....

die Kohle, -n ....

das Kostüm, -e ....

der Künstler, – ....

die Künstlerin, -nen ....

die Leistung, -en ....

die Lieblingsbeschäftigung, -en ....

der Lieblingsverein, -e ....

die Mayonnaise, -n ....

die Nachbarschaft, -en ....

die Region, -en ....

der Schauspieler, – ....

die Schaupielerin, -nen ....

das Schulheft, -e ....

die Seife, -n ....

der Star, -s ....

das Streichholz, ¨er ....

die Süßigkeit, -en ....

die Zigarette, -n ....

Verben

(sich) aufregen ....

(sich) vorstellen ....

Adjektive

ehemalig ....

enttäuschend ....

faszinierend ....

früher ....

regional/global ....

sehenswert ....

Andere Wörter

beziehungsweise (bzw.) ....

dauernd ....

davor ....

echt (interessant) ....

ganz (gut/langweilig) ....

meinetwegen ....

super(spannend) ....

total (gut) ....

überhaupt (nicht gut) ....

wirklich (gut) ....

ziemlich (langweilig) ....

zugleich ....

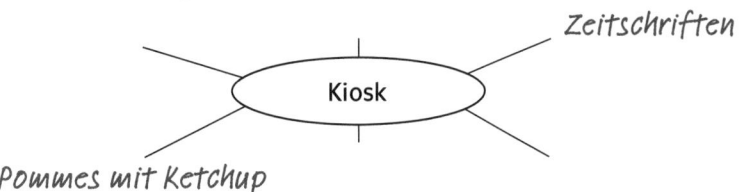

9 Was bekommt man an einem Kiosk? – Ergänzen Sie Nomen aus „Ihr Wortschatz" und weitere Wörter, die Sie kennen.

Zeitschriften

Kiosk

Pommes mit Ketchup

10 Ergänzen Sie Adjektive aus „Ihr Wortschatz". Es gibt zum Teil mehrere Möglichkeiten.

Die Zeche Zollverein ist eine (1) ...... *ehemalige* ...... Kohlenzeche, die heute ein

sehr (2) .... Museum ist. Wenn man sich nicht für Industriekultur

interessiert, dann kann der Besuch aber (3) .... sein. Die meisten

Besucher finden die Zeche total (4) ....

11 Für Ihren Alltag – Schreiben Sie in Ihrer Sprache.

Das Konzert war total gut/faszinierend/langweilig. ....

Das Museum ist interessant/langweilig. ....

Das Buch hat mir überhaupt nicht gefallen. ....

Was hältst du davon, ins Kino zu gehen? ....

Das ist eine gute Idee, aber ich habe kein Geld. ....

Lass uns lieber zusammen kochen. ....

Davon halte ich nicht viel. ....

Darauf habe ich keine Lust. ....

Dafür interessiere ich mich überhaupt nicht. ....

12 Ihre Wörter und Sätze – Schreiben Sie.

Ihre Sprache: Deutsch:

....

....

....

....

13 Ihr Text – Schreiben Sie je eine Aussage über sich, in der die Ausdrücke 1 bis 4 vorkommen. 🖊

1. total glücklich ....

2. ziemlich gelangweilt ....

3. wirklich gut gefallen ....

4. echt super geschmeckt ....

Als ich meine erste eigene Wohnung hatte, war ich total glücklich.

9 Ein neuer Job

nach 1

1 Rund um das Thema *Arbeit*

a Schreiben Sie die Wörter mit Artikel zu den Erklärungen.

Überstunden   Teilzeit   Werbeagentur   Tätigkeiten   Praktikum   Gehalt   Annonce   ~~Verlag~~

1. Ein Unternehmen, das Bücher, Zeitungen oder Zeitschriften macht.   1. *der Verlag*

2. Das macht man während der Schule, der Ausbildung oder des Studiums,   2. ....
   um einen bestimmten Beruf näher kennenzulernen. Meistens wird
   es nicht bezahlt.

3. Ein anderes Wort für „Anzeige".   3. ....

4. Wenn man länger als normal arbeiten muss, macht man ...   4. ....

5. Eine Firma im Kreativbereich, die zum Beispiel Flyer für andere   5. ....
   Unternehmen macht.

6. Die verschiedenen Dinge, die man in einem bestimmten Beruf macht.   6. ....

7. Wenn man keine volle Stelle hat, arbeitet man in ...   7. ....

8. Das Geld, das man für seine Arbeit bekommt.   8. ....

b Welches Wort passt nicht? Streichen Sie es durch.

1. selbstständig • freiberuflich • ~~angestellt~~
2. die Bank • der Lohn • das Gehalt
3. die Arbeitssituation • der Vertrag • die Arbeitsbedingungen
4. die Abteilung • der Bereich • der Chef
5. der Kiosk • die Fabrik • das Unternehmen
6. die Kollegin • die Sekretärin • die Mitarbeiterin
7. das Büro • die Werkstatt • die Arbeitszeit
8. der Betriebsausflug • die Teambesprechung • die Firmenfeier
9. der Berufsberater • die Ausbildung • das Studium

nach 2

2 Wunsch und Wirklichkeit

a Konjunktiv mit *würde*. Schreiben Sie die Wünsche wie im Beispiel.

1. ich / einen guten Job finden   *Ich würde gerne einen guten Job finden.*
2. du / interessante Aufgaben haben   ....
3. er / mehr Zeit mit der Familie verbringen   ....
4. wir / bei dem neuen Projekt mitarbeiten   ....
5. ihr / mehr Geld verdienen   ....
6. sie / lieber zu Hause arbeiten   ....

b Ergänzen Sie.

hättest   hätten   hätte   hättest   wäre   wärt   würde   ~~würde~~   würde   wären
hätte   hätte

- Ich (1) ..... *würde* ..... lieber selbstständig arbeiten. Dann (2) .... ich mein eigener Chef.

  Vielleicht (3) .... ich mehr Freizeit. (4) .... du auch gerne mehr Freizeit?

- ○ Klar, wer (5) .... das nicht gerne? Aber ich kenne auch Leute, die gerne mehr Arbeit

  (6) ....

- Wirklich? (7) .... du gerne mehr Arbeit?

- ○ Ich nicht, aber mein Freund. Und er (8) .... vor allem gerne mehr verdienen.

- Aber (9) .... er nicht gerne auch mehr Zeit mit dir verbringen? (10) ....

  ihr nicht gerne mehr zusammen?

- ○ Natürlich (11) .... wir gerne mehr zusammen, aber wir brauchen einfach das Geld ...

nach 3

3 Was wäre, wenn ...?

a Ergänzen Sie die Verben im Konjunktiv II.

1. Wenn ich mehr Sport machen ..... *würde* ..... (werden), ... *wäre* ..... (sein) ich fitter.

2. Wenn ich fitter .... (sein), ... (werden) ich mich

   besser fühlen.

3. Wenn du besser Deutsch .... (können), ... (haben)

   du mehr Karrierechancen.

4. Er .... (werden) besser verdienen, wenn er eine gute Ausbildung

   .... (haben).

5. Wir .... (werden) euch heute Abend besuchen, wenn wir nicht

   arbeiten .... (müssen).

6. Wenn ihr am Wochenende Zeit .... (haben), ... (können) ihr uns am

   Samstag besuchen.

7. Wenn Juan nicht abnehmen .... (sollen), ... (werden) er uns ein tolles

   Essen kochen.

b Ergänzen Sie die Tabelle.

	haben	sein	werden	müssen	können	sollen
ich	*hätte*					
du						
er/es/sie/man						
wir						
ihr						
sie/Sie						

c Zusammenfassung: Funktionen des Konjunktivs – Schreiben Sie die Sätze.

Höfliche Bitten

1. mein Anschreiben / korrigieren / du / ?
2. mir / bei der Bewerbung / helfen / können / du / ?

Ratschläge

3. im Lebenslauf / schreiben / sollen / du /, // dass du schon ein Praktikum gemacht hast.
4. eine Zeugniskopie / mitschicken / ich / auch / .
5. du / müssen / deine Bewerbung / schnell / abschicken / .

Wünsche

6. ich / diesen Job / so gerne / haben / !
7. in dieser Firma / so gerne / arbeiten / ich / !

Wenn-Sätze mit irrealen Bedingungen

8. wenn / ich / die Stelle / bekommen /, // dich / oft / zum Essen / einladen / können / ich / .
9. wenn / ich / einen netten Chef / haben /, // meine Arbeitssituation besser / sein / .

1. Würdest du mein Anschreiben korrigieren?

nach 4

4 Wir suchen ...

a Ergänzen Sie die Stellenanzeige.

Urlaub   Bezahlung   Bewerbungen   ab   Arbeitszeiten   Team   ~~Stadtzentrum~~   erfahrene

---

Restaurant im Ratskeller

Wir sind ein sehr beliebtes Restaurant im (1) *Stadtzentrum* mit deutscher

Küche. Wir suchen (2) .... dem 1. Oktober eine

(3) .... und serviceorientierte Bedienung (m/w).

Wir bieten Ihnen eine überdurchschnittlich gute (4) ....,

flexible (5) ...., 30 Tage (6) ....

pro Jahr und eine angenehme Arbeitsatmosphäre in einem netten (7) ....

(8) .... bitte an info@ratskellerteam.com.

---

b Ein Bewerbungsbrief – Ergänzen Sie.

Sehr gee *hrte* Damen u___ Herren,

m___ sehr gro_____ Interesse ha___ ich Ih___ Anzeige in d___ Stadtzeitung gel_____. Ich arb_____

schon se___ drei Jah_____ als Bedi_____, zurzeit in ei_____ kleinen Ca___. Bei mei_____ Gästen

b___ ich se___ beliebt, u___ ich ka___ auch in stres_____ Situationen im_____ freundlich

ble_____. Außerdem b___ ich im_____ pünktlich u___ arbeite ge_____ im Schich_____.

Neben mei_____ Muttersprache Franz_____ spreche i___ sehr g___ Deutsch u___ gut Engl_____.

Über ei___ Einladung zu ei_____ persönlichen Gesp_____ freue i___ mich.

M___ freundlichen Grü_____

Aimé Egreteau

5 Ich träume davon, dass ...

a Wiederholung: Verben mit Präpositionen – Markieren Sie die passenden Präpositionen.

1. Jeden Samstag treffe ich mich mit/bei/für meiner Freundin Alexandra zum Joggen.
2. Ich freue mich immer schon an/zu/auf den Samstag.
3. Da können wir dann über/mit/zu alles reden.
4. Alexandra ärgert sich schon lange auf/mit/über ihren Job.
5. Sie träumt für/auf/von einer neuen Stelle.
6. Jetzt möchte sie mit/an/über einer Fortbildung teilnehmen.
7. Sie wartet nur noch an/für/auf ein interessantes Angebot.
8. Sie braucht dann aber jemand, der sich um/über/für ihre kleine Tochter kümmert.
9. Ich beschäftige mich sehr gerne bei/von/mit Kindern und habe ihr gesagt, dass ich das gerne mache.
10. So kann ich mich auch gleich gegen/auf/an meine Ausbildung als Erzieherin vorbereiten.
11. Ich habe mich nämlich mit/für/bei diese Ausbildung entschieden, weil ich Kinder so mag.

b David zieht auch nach Polen – Schreiben Sie die Sätze.

1. ich / mich freue über /, // dass / du / kommen / nach Polen / bald /.
2. du / bitte / denken an /, // dass / Brot / du / aus Deutschland / mir / mitbringen / ?
3. du / sich vorbereiten auf / müssen /, // dass / hier / es / manchmal / sehr kalt / sein /.
4. ich / mich kümmern um /, // dass / einen Platz in meiner WG / bekommen / du /.
5. ich / schon / mit meiner Chefin / sprechen über (Perfekt) /, // dass / einen Job / brauchen / du /.
6. ich / nur noch / warten auf /, // dass / sie / mir / endlich / Bescheid geben /.
7. ich / ein bisschen / mich ärgern über /, // dass / das / so lange / dauern /.
8. ich / hoffen auf /, // dass / es / bald / klappen /.

1. Ich freue mich darüber, dass du bald nach Polen kommst.

nach 6

6 In der Vorstellung sind 10 Fehler: 3x groß/klein, 2x Wortstellung und 5x Endungen.
In jedem Satz ist ein Fehler. Markieren und korrigieren Sie die Fehler.

Meine Name ist Morad Rashid.

Ich komme aus afghanistan.

Bin ich Elektriker von Beruf.

Nach den Schule habe ich bei meinem Onkel in seiner Firma gearbeitet.

Vor fünf Jahre bin ich nach Deutschland gekommen.

Hier habe ich von 2011 bis 2014 eine Ausbildung zum Elektriker gemachen.

Seit einem Jahr ich arbeite in einer kleinen Firma.

Ich arbeite Momentan nur für Privatkunden.

Jetzt würden ich gerne in einem großen Projekt mitarbeiten.

Ich bin Handwerklich sehr gut und arbeite gerne im Team.

Mein Name ist Morad Rashid.

Ihr Wortschatz

Nomen

die Annonce, -n ....

das Anschreiben, – ....

die Anzeige, -n ....

die Arbeitsbedingungen (Pl.) ....

der Bereich, -e ....

das Computerprogramm, -e ....

die EDV-Kenntnisse (Pl.) ....

das Gehalt, ̈er ....

der Griff, -e ....

die Karrierechance, -n ....

der Koch, ̈e ....

die Köchin, -nen ....

der Kontakt, -e ....

der Lebenslauf, ̈e ....

die Leitung, -en ....

der Lieferant, -en ....

der Mietpreis, -e ....

das Praktikum, -a ....

das Projekt, -e ....

die Realität, -en ....

die Schwäche, -n ....

der Schwerpunkt, -e ....

die Stärke, -n ....

die Stelle, -n ....

die Stimmung, -en ....

die Tätigkeit, -en ....

das Team, -s ....

die Teilzeit (Sg.) ....

die Überstunde, -n ....

das Unternehmen, – ....

der Verlag, -e ....

die Werbeagentur, -en ....

die Wirklichkeit, -en ....

der Wunsch, ̈e ....

Verben

beherrschen ....

(sich) beschäftigen (mit + D.) ....

(sich) bewerben (bei + D.) ....

gehen (um + A.) ....

(sich) irren ....

kennen ....

laufen (Wie läuft's?) ....

recht haben ....

stimmen ....

verdienen ....

wecken ....

(sich etwas) wünschen ....

Adjektive

derzeitig ....

engagiert ....

hungrig ....

mehrjährig ....

selbstständig ....

überdurchschnittlich ....

technisch ....

unzufrieden ....

Andere Wörter

momentan ....

vermutlich ....

vor allem ....

7 Ergänzen Sie Nomen aus „Ihr Wortschatz".

Bei meinem (1) ..... *Praktikum* ..... in einem großen Unternehmen habe ich schon

gute (2) .... zu wichtigen Leuten in der Firma bekommen. Die

(3) .... in dem Team dort war sehr gut. Nach dem Studium habe ich im

Internet eine (4) .... für eine Stelle in diesem Unternehmen gefunden,

die genau zu mir passt. Ich bin gerne kreativ, aber handwerkliche (5) ....,

wie zum Beispiel etwas reparieren, mache ich auch gerne. Ich bin auch fit in vielen Computerprogrammen,

habe also gute (6) .... Ich hoffe, ich bekomme die Stelle, denn in dem

Unternehmen verdient man sehr gut, das (7) .... stimmt! Außerdem hat man

dort auch gute (8) ....

8 Ergänzen Sie jeweils das Gegenteil. Die Wörter finden Sie in „Ihr Wortschatz".

1. satt ..... *hungrig* .....   4. angestellt ....

2. der Traum ....   5. zufrieden ....

3. die Stärke ....   6. sich irren ....

9 Für Ihren Alltag – Schreiben Sie in Ihrer Sprache.

Vielleicht wäre das was für mich: ...   .

Ich hätte gerne mehr Zeit für die Familie.   ....

Ich würde lieber von zu Hause aus arbeiten.   ....

Ich wäre abends gerne früher zu Hause.   ....

Was würdest du machen, wenn ...?   ....

Wenn ich mehr Geld hätte, würde ich ...   .

Von ... bis ... habe ich eine Ausbildung als ... gemacht.   ....

Seit ... arbeite ich als ...   .

Jetzt würde ich gerne ...   .

Besonders gut kann ich ...   .

Ich freue mich darüber, dass du Zeit hast.   ....

10 Ihre Wörter und Sätze – Schreiben Sie.

Ihre Sprache: Deutsch:

....

....

....

....

11 Ihr Text – Ihre Wünsche beruflich oder privat. 🖊 Schreiben Sie in Ihr Heft.

Ich hätte gerne ...   Ich könnte ...

Ich wäre gerne ...

Dann würde ich ...   Ich müsste nicht mehr ...

10 Sport macht Spaß.

nach 2

1 Sportarten

a Suchen Sie zwölf weitere Sportarten im Rätsel.

W	T	K	K	L	P	T	U	W	A	N	D	E	R	N	J
F	H	A	N	D	B	A	L	L	G	I	K	M	U	V	X
M	U	R	F	A	S	N	D	J	K	P	U	Z	D	T	R
O	I	A	Q	W	M	Z	N	B	V	C	X	E	E	D	V
T	S	T	U	T	S	E	G	E	L	N	Z	U	R	I	T
O	P	E	V	R	Y	N	T	F	G	J	T	P	N	A	E
R	C	F	S	E	L	F	V	G	M	H	A	L	I	U	N
S	C	H	W	I	M	M	E	N	B	N	U	V	C	X	N
P	T	E	Z	T	W	U	Q	I	O	P	C	L	A	K	I
O	M	H	Z	E	O	N	J	P	G	R	H	Y	S	W	S
R	G	Y	M	N	A	S	T	I	K	Q	E	A	Y	D	R
T	E	D	C	G	Z	T	F	D	E	B	N	P	L	M	J
U	H	L	E	I	C	H	T	A	T	H	L	E	T	I	K

b Welche Sportarten aus 1a passen zu den Personen?

1. Marion ist gerne in der Natur und mag die Berge. ......*Wandern*..................

2. Georg liebt schnelle Autos. ....

3. Linn mag Tiere und ist gerne draußen. ....

4. Amir findet die Welt unter Wasser interessant. ....

5. Robin läuft schnell und springt weit. ....

6. Basil mag Ballsport in der Mannschaft. ....

2 Ergänzen Sie die Wörter in den Dialogen.

1. ● Ich habe in Ihrem (1) ....*Programmheft*........... gelesen, dass es montags

   einen Kickbox-Kurs gibt und möchte mich gerne (2) ....

   ○ Gerne. Der Kurs (3) .... am nächsten Donnerstag.

   Es sind noch (4) .... frei.

   ● Und wo (5) .... der Kurs ....?

   ○ In der (6) .... am Rentzelsweg.

2. ● Ich interessiere mich für (1) .... Wie ist die Ausstattung

   in Ihrem (2) ....?

   ○ Wir haben 1500 m² Trainingsfläche und moderne (3) ....

   Wir können gerne ein Probetraining (4) ....

   ● Gerne. Aber ich bin (5) .... Können Sie mir zuerst die

   (6) .... erklären?

   ○ Natürlich, die Trainer (7) .... Ihnen immer gerne, egal ob

   Sie Anfänger sind oder schon (8) .... mitbringen.

anmelden
beginnen
Platz
~~Programmheft~~
stattfinden
Turnhalle

Anfänger
Gerät
Erfahrung
Fitness
Fitnessstudio
helfen
Übung
vereinbaren

3 Vorschläge machen – Lesen Sie den Chat und kreuzen Sie für jede Lücke das richtige Wort an.

Ich gehe morgen ins Fitnessstudio. Hast du Lust __1__?
09:13 ✓

Ins Fitnessstudio? Nein, dazu habe ich __2__ Lust. Ich möchte lieber draußen Sport __3__.
09:20 ✓

Bei dem Wetter? Das ist __4__ für mich! Wir __5__ doch ins Schwimmbad gehen.
09:21 ✓

Ins Schwimmbad? Ja, das ist eine gute Idee! Das mache ich auch gerne! Du hast mich __6__.
09:23 ✓

1. ⓐ mitkommst
   ⓑ mitkommen
   ☒ mitzukommen

2. ⓐ keine
   ⓑ kein
   ⓒ keinen

3. ⓐ spielen
   ⓑ machen
   ⓒ unternehmen

4. ⓐ alles
   ⓑ etwas
   ⓒ nichts

5. ⓐ sollten
   ⓑ könnten
   ⓒ dürften

6. ⓐ überzeugen
   ⓑ übergezeugt
   ⓒ überzeugt

nach 4

4 Wiederholung: Personalpronomen

a Schreiben Sie die fehlenden Pronomen in die Tabelle.

Nom.	....	....	er	es	....	....	ihr	sie/Sie
Akk.	....	....	....	....	....	uns	euch	....
Dat.	....	....	....	....	....	uns	euch	....

b Akkusativ oder Dativ – Markieren Sie das richtige Pronomen.

1. Wo ist mein Tennisschläger. Hast du ihn/ihm gesehen?

2. Und ich suche meine Sporttasche. Ich habe sie/ihr neben die Tür gestellt. Aber da steht sie nicht mehr.

3. Kannst du mich/mir bitte helfen, sie/ihr zu finden?

4. Augenblick, ich antworte dich/dir gleich.

5. Das Kind von unseren Nachbarn hat Geburtstag. Wir müssen vorbeigehen und es/ihm gratulieren.

6. Ja, und dann können wir sie/ihnen gleich zu unserer Grillparty einladen.

5 Verben mit Akkusativ und Dativ

a Schreiben Sie die Sätze.

1. ich / du / der Tennisschläger / geben / .   *Ich gebe dir den Tennisschläger.*

2. wir / ihr / der Weg / erklären / .   ...

3. leihen / ihr / ich / das Auto / ?   ....

4. er / sie / die Bücher / schenken / .   ...

5. sie / wir / die Stadt / zeigen / .   ...

6. empfehlen / du / ich / der Kurs / ?   ....

b Schreiben Sie die Sätze aus 5a noch einmal und ersetzen Sie das Nomen im Akkusativ durch ein Pronomen.

Ich gebe dir den Tennisschläger. → Ich gebe ihn dir.

c Schreiben Sie die Antworten. Benutzen Sie Pronomen.

1. Leihst du Eleni die Sporttasche? _Ja, ich leihe sie ihr._
2. Erklärt ihr den Kindern bitte den Weg? _Ja, wir ..._
3. Bringst du unserem Nachbarn das Geschenk? _Ja, ich ..._
4. Kannst du Maria bitte ein Getränk anbieten? _Ja, ich ..._
5. Empfehlen Sie den Teilnehmern diese Übung? _Ja, ich ..._
6. Gebt ihr mir bitte eure Handynummern? _Ja, wir ..._
7. Zeigen Sie uns bitte den Eingang? _Ja, ich ..._
8. Kann ich euch die Einladung geben? _Ja, du ..._

nach 5

6 Eine E-Mail – Ergänzen Sie.

Sehr gee_hrte_ Damen u___ Herren,

in d___ Abendzeitung ha___ ich gel_____, dass S___ Schwimmkurse f___ Kinder anbi_____.

Ich möc_____ meinen So___ gerne anme_____, aber i___ habe no___ ein pa___ Fragen.

Wa___ beginnt d___ nächste Ku___ genau?

W___ lange dau_____ er?

W___ viele Teiln_____ gibt es p___ Kurs?

Gi___ es Parkmöglichkeiten i_ der Nä___ des Schwim_____?

M___ freundlichen Grü_____

Lucja Baran

nach 6

7 Wiederholung: Schreiben Sie die Adjektive im Komparativ und Superlativ.

1. schnell	_schneller_	_am schnellsten_
2. langsam		
3. jung		
4. alt		
5. gesund		
6. teuer		
7. hoch		
8. gut		
9. gern		
10. viel		

8 **Komparativ und Superlativ vor dem Nomen.**

a Ergänzen Sie die Superlative.

1. Der _schnellste_ (schnell) Läufer kam nach einer Stunde und 32 Minuten ins Ziel.

2. Die .... (jung) Teilnehmerin war erst 16 Jahre alt.

3. Schickst du mir bitte die .... (lustig) Fotos vom Staffellauf?

4. Rafael kennt die .... (viel) Leute in seinem Verein.

5. Weißt du, welche Schwimmerin das .... (gut) Ergebnis hatte?

6. Den .... (interessant) Augenblick im Spiel habe ich leider verpasst.

b Ergänzen Sie die Komparative.

1. Ich suche ein _billigeres_ (billig) Fitnessstudio.

2. Ich hätte gerne einen .... (nett) Trainer.

3. Ich möchte an .... (modern) Geräten trainieren.

4. Ich brauche .... (bequem) Turnschuhe.

5. Ich hätte gerne ein .... (schön) Trikot.

6. Ich trainiere, um eine .... (sportlich) Figur zu bekommen.

c Komparativ oder Superlativ? Ergänzen Sie.

1. Emily ist nie zufrieden. Sie möchte ein _größeres_ (groß) Haus, ein .... (schnell)

   Auto und einen .... (schön) Garten haben. Aber ihre Freunde finden, dass sie schon

   das .... (groß) Haus, das .... (schnell) Auto und den

   .... (schön) Garten hat.

2. Mari wünscht sich einen .... (nett) Chef und .... (freundlich)

   Kollegen. Sie glaubt, dass sie dann .... (zufrieden) am Arbeitsplatz wäre.

3. Luca hat zwei Brüder. Sein .... (alt) Bruder heißt

   Mario, sein .... (jung) Bruder heißt Paolo. Im Sommer

   haben alle drei an der .... (wichtig) Sportveranstaltung

   der Stadt teilgenommen, dem jährlichen Radrennen. Paolo ist Sieger

   geworden. Er hat den ersten Preis gewonnen und war an diesem

   Tag der .... (glücklich) Mann der Stadt.

Ihr Wortschatz

Nomen

die Abbildung, -en	....	der Reporter, –	....
die Ausrede, -n	....	die Reporterin, -nen	....
die Erholung (Sg.)	....	das Resultat, -e	....
der Fan, -s	....	die Runde, -n	....
der Fitnesstrainer, –	....	der Sieger, –	....
die Fitnesstrainerin, -nen	....	die Siegerin, -nen	....
die Fußballmannschaft, -en	....	die Sportart, -en	....
das Hallenbad, ¨er	....	die Sporttasche, -n	....
Handball (Sg.)	....	die Tageskarte, -n	....
das Inserat, -e	....	der Tennisschläger, –	....
die Jogginghose, -n	....	der Tormann, ¨er	....
die Jury, -s	....	die Torfrau, -en	....
der Katalog, -e	....	das Trikot, -s	....
der Läufer, –	....	die Turnhalle, -n	....
die Läuferin, -nen	....	die Urkunde, -n	....
die Leichtathletik (Sg.)	....	der Veranstalter, –	....
der Motorsport (Sg.)	....	die Veranstalterin, -nen	....
der Profi, -s	....	die Weltmeisterschaft, -en	....
der Rekord, -e	....	der Wettbewerb, -e	....
das Rennen, –	....		

Verben

bestehen (aus + D.)	....	siegen/verlieren	....
dabei sein	....	tauchen	....
drehen	....	überreden	....
halten	....	wetten	....

Adjektive

begrenzt	....	kräftig	....
gleichberechtigt	....	männlich/weiblich	....
großzügig	....	zahlreich	....
klassisch	....		

Andere Wörter

anderthalb	....	nebenbei	....

9 Notieren Sie Nomen aus „Ihr Wortschatz". Ergänzen Sie weitere Wörter.

1. Sportarten: *Leichtathletik*
   ....

2. Hier kann man Sport treiben: ....
   ....

3. Das braucht man zum Sport: ....
   ....

4. Personen im Sport: ....
   ....

10 Ergänzen Sie Verben aus „Ihr Wortschatz".

1. Eine Fußballmannschaft .... *besteht* .... *aus* .... 11 Spielern.

2. Beim ersten Rennen hat Nino Neuer ...., das zweite Rennen hat er verloren.

3. Ich ...., dass unsere Mannschaft das Rennen gewinnt!

4. Leider kommt Irina nicht mit ins Hallenbad. Wir konnten sie nicht dazu ....,
   dass sie uns begleitet.

5. Meine Tochter liebt das Wasser. Sie schwimmt und .... sehr gerne.

6. Morgen gehen wir ins Stadion. .... du ....?

11 Für Ihren Alltag – Schreiben Sie in Ihrer Sprache.

Hast du Lust mitzukommen? ....

Wir könnten doch … / Lass uns doch … ....

Dazu habe ich Lust / keine Lust. ....

Ich würde lieber … ....

Das ist nichts für mich. ....

Ihr habt mich überzeugt. ....

Kannst du mir den Weg zum Hallenbad erklären? ....

Leihst du mir deine Sporttasche? ....

12 Ihre Wörter und Sätze – Schreiben Sie.

Ihre Sprache: Deutsch:

....

....

....

....

**13 Ihr Text – Sie wollen am Samstag zu einer Veranstaltung (Sport, Konzert, Theater, etc.)
gehen. 🖋Schreiben Sie eine kurze E-Mail an einen Freund / eine Freundin und laden
Sie ihn/sie ein mitzukommen.**

*Liebe Carola,
am Samstag will ich …*

11 Mütter, Väter, Kinder

nach 2

1 Das Familien-Forum

a Ergänzen Sie.

Karriere   verdienen   Elterngeld   Zeit   Haushalt   ~~Gleichberechtigung~~   Elternzeit

1. (1) *Gleichberechtigung* von Männern und Frauen? Das kannst du vergessen! Ich bin Informatiker und wollte nach der Geburt meines Sohnes (2) .... nehmen. Das Problem war das Geld ... Das (3) .... für mich und das Geld, das meine Frau als selbstständige Journalistin (4) ...., ist einfach zu wenig für uns drei.

Jetzt kümmert sich meine Frau um unser Kind und den (5) .... und ich mache weiter (6) ...., muss immer mehr arbeiten und habe immer weniger (7) .... für meinen Sohn ☹!   *Sven*

Teilzeit   alleinerziehend   Beziehung   Erzieherin   Verantwortung   Kindergarten   Bezahlung

2. Hallo Sven! Die ungleiche (1) .... in typischen Frauenberufen und typischen Männerberufen ist ein Problem, das finde ich auch! Ich bin (2) .... und weiß da Bescheid ☹! Außerdem bin ich auch noch (3) ...., aber ich schaffe das mit meinen zwei Kindern doch irgendwie! Deshalb ist meine Frage an dich: Wie wichtig ist dir das Geld, und wie wichtig die (4) .... zu deinem Sohn? Wenn er ein bisschen größer ist, kann er doch in den (5) .... gehen, und deine Frau und du, ihr könnt beide (6) .... arbeiten. Dann könnt ihr euch die (7) .... für ihn und den Haushalt teilen.   *Sabine*

b Schreiben Sie Sätze mit *während* wie im Beispiel.

1. ich / gerne selbstständig arbeiten / , // mein Partner / lieber / eine feste Stelle / haben / .
2. er / regelmäßig / sein Gehalt / bekommen / , // ich / manchmal / Probleme mit dem Geld / haben / .
3. ich / viel Freiheit haben / , // er / jeden Morgen um 8 Uhr / im Büro / sein / müssen / .
4. ich / allein zu Mittag essen / , // er / mit den Kollegen / in die Kantine / gehen / .
5. er / abends / etwas für uns kochen / , // ich / noch / arbeiten / .
6. er / gerne ins Kino / gehen / , // ich / lieber / tanzen / gehen / .
7. andere Paare / viel über solche Fragen / streiten / , // wir immer / eine gute Lösung / finden / .

1. Während ich gerne selbstständig arbeite, hat mein Partner ...

c Markieren Sie den passenden temporalen Konnektor.

In Deutschland dürfen die Frauen seit 1918 wählen, (1) <u>während</u>/seit/bevor

sie in der Schweiz da noch lange nicht wählen durften. Dort bekamen die

Frauen erst 1971 das Wahlrecht. (2) Bis/Seit/Bevor die Schweizerinnen auch

wählen dürfen, haben sie endlich dieselben politischen Rechte wie die

Männer. Es muss aber noch viel passieren, (3) als/wenn/bis es wirklich

Gleichberechtigung gibt. Viele ärgern sich, (4) wenn/seit/bevor sie hören,

dass die meisten Frauen immer noch viel weniger verdienen als die Männer.

Aber (5) als/wenn/bevor manche wollten, dass Männer und Frauen gleich

bezahlt werden, waren doch auch wieder einige dagegen. Und wie lange

müssen wir noch warten, (6) während/seit/bis in großen Unternehmen gleich

viele Frauen wie Männer Chefs sind?

nach 3

2 Ich brauche nicht mehr zu ...

a Benjamins Tochter hat eine eigene Wohnung. Was braucht er nicht mehr zu tun? – Schreiben Sie die Sätze.

1. kein Essen mehr für sie kochen   *Ich brauche kein Essen mehr für sie zu kochen.*

2. ihre laute Musik nicht mehr hören   ....

3. keine Wäsche mehr für sie waschen   ....

4. nicht mehr mit ihrem Freund streiten   ....

5. sie morgens nicht mehr wecken   ....

b Und was braucht die Tochter nicht mehr zu tun? Schreiben Sie die Sätze.

1. nicht mehr mit ihm über Ordnung diskutieren   *Sie braucht nicht mehr mit ihm über Ordnung zu diskutieren.*

2. sich keine Ratschläge mehr von ihm anhören   ....

3. sich keine Fußballspiele mehr mit ihm anschauen   ....

4. nachts nicht mehr leise sein   ....

nach 4

3 Wiederholung: Passiv – Was passiert? Schreiben Sie.

1. das Kindergartenfest / planen   *Das Kindergartenfest wird geplant.*

2. Kinder, Eltern und Geschwister / einladen   ....

3. Kuchen / backen   ....

4. die Kita / dekorieren   ....

5. Getränke / kaufen   ....

4 Kindergarten, Kindertagesstätte ...

a Wörter in Wortfamilien lernen. Ergänzen Sie.

Verb	Nomen
1. _finanzieren_	die Finanzen (Pl.)
2. riskieren	....
3. sich fühlen	....
4. erfinden	....
5. sich	die Trennung

b Ergänzen Sie Wörter aus 4a.

1. Der Kindergarten ist vor allem für berufstätige Eltern eine wunderbare _Erfindung_.......................... .

   Aber wenn man sein Kind nicht sehr früh anmeldet, ist das .... groß, keinen

   Platz zu bekommen. Wenn sie dann endlich einen Platz haben, ist es für viele Eltern ein komisches

   ...., ihr Kind zum ersten Mal allein im Kindergarten zu lassen.

2. Mütter oder Väter, die sich .... haben, lernen über den Kindergarten oft andere

   alleinerziehende Eltern kennen. Nach einer Trennung haben viele nicht nur Probleme mit den

   ...., sondern sie .... sich auch oft allein.

c Kannst du mir helfen? Ergänzen Sie die Dialogteile.

Ist es schlimm?

Ja klar, du hilfst mir doch auch oft!

Ja, um halb acht bin ich da.

~~Was hat er denn?~~

Natürlich, ich kann mich gerne um deinen Sohn kümmern.

Hast du nicht morgen diese wichtige Präsentation?

1. ● Du, Dalia, Oskar ist schon wieder krank!

   ○ _Was hat er denn?_ ....

2. ● Na ja, das Übliche: eine Erkältung und Fieber.

   ○ ....

3. ● Auf jeden Fall so schlimm, dass er morgen nicht in die Kita kann.

   ○ ....

4. ● Ja, genau, ich muss morgen unbedingt zur Arbeit gehen! Könntest du vielleicht ...

   ○ ....

5. ● Das würdest du für mich tun? Wirklich?

   ○ ....

6. ● Super! Kannst du morgen früh um halb acht bei mir sein?

   ○ ....

7. ● Du bist ein Schatz! Tausend Dank!

5 Was ist los?

a Familie Caotica räumt auf. Ergänzen Sie Indefinit- und Possessivpronomen.

1. ● Wem gehören die Bücher da? Kinder,

   sind das e _ure_?

   ○ Nein, das sind nicht u_____! Wir lesen

   doch nie w_____!

2. ● Schatz, das Hemd hier ist doch d_____, oder?

   ○ Nein, das ist nicht m_____. Ich trage keine Hemden

   und habe gar k_____.

   ● Von wem könnte das denn dann sein?

   ○ Frag doch unseren Nachbarn, vielleicht ist es ja s_____?

3. ● Und hier ist noch ein Kuli. Konstantin, ist das d_____?

   ○ Der Kuli? Ich habe doch gar k_____, weil ich k_____ mag.

   Frag doch mal Kirsten, vielleicht ist es i_____.

   ● Kirsten? Nein, die schreibt auch nie mit Kulis, die hat auch nie w_____.

b Eine E-Mail – Ergänzen Sie.

Hi Kira,

stell dir vor, w _a s_ gestern pass_____ ist: A___ ich na___ Hause k___, sagte me___ Mann:

„D___ Chef h___ angerufen." I___ fragte: „Mei_____ oder dei_____?" Da sa_____ er: „Du ha___

doch g___ keinen, du ha___ doch ei___ Chefin!"

Wo er re_____ hat, h___ er re_____ 😏 ... Also w___ es sei_____. Und d___ hat i___ ges_____:

„Herr Helmchen, es gi___ ein Pro_____!" In die_____ Firma ha_____ sie sc_____ lange wel_____,

nicht n___ eins ... Al___, der Ch___ hat i___ gef_____: „Ich fi_____ keinen f___ die ne___ Stelle.

Wol_____ Sie ni_____ früher a___ der Elter_____ zurückkommen?" W___ haben da___ gleich

no___ in d___ Kita ange_____ und gef_____, ob do___ schon frü_____ ein Pl_____ frei

i___. Wir hat_____ Glück u___ haben gle_____ einen beko_____! Und je_____ hat me___ Mann

au___ noch sei_____ Traumjob 😊 !!

D___ sind uns_____ tollen Neuig_____ – hast du au___ welche?

Sch_____ bald m___ wieder!

Hanna

Ihr Wortschatz

Nomen

der Antrag, ⁔e	....	der Lebensgefährte, -n	....
die Beziehung, -en	....	die Lebensgefährtin, -nen	....
das Elterngeld *(Sg.)*	....	der Mangel, ⁔	....
die Elternzeit *(Sg.)*	....	die Metropole, -n	....
die Erfindung, -en	....	die Minderheit, -en	....
das Gefühl, -e	....	der Mutterschutz *(Sg.)*	....
der Gegensatz, ⁔e	....	das Risiko, -en	....
die Gemeinde, -n	....	die Rolle, -n	....
die Gleichberechtigung *(Sg.)*	....	das Schaufenster, –	....
der Hit, -s	....	der Titel, –	....
die Karriere, -n	....	die Trennung, -en	....
die Kinderbetreuung *(Sg.)*	....	die Unterstützung *(Sg.)*	....
die Kindertagesstätte, -n	....	die Verantwortung, -en	....
die Krise, -n	....	das Vergnügen *(Sg.)*	....

Verben

abwaschen	....	finanzieren	....
ankommen (auf + A.)	....	halten	....
aufgeben	....	kleben	....
aussteigen (aus dem Beruf)	....	(sich etwas) leisten	....
behandeln	....	loslassen	....
bleiben	....	(sich etwas) teilen	....
brauchen	....	(sich) trennen	....
bringen	....	verreisen	....
durchfallen	....	versäumen	....
erziehen	....	wert sein	....

Adjektive

alleinerziehend	....	katholisch	....
evangelisch	....	locker	....
finanziell	....	realistisch	....
gleichaltrig	....	vernünftig	....

Andere Wörter

eher	....	irgendwer	....

6 Welche Wörter aus „Ihr Wortschatz" passen?

1. Die Emotion: *das Gefühl*
2. Die Person, mit der man zusammenlebt, ohne verheiratet zu sein: ....
3. Hier betreut man kleine Kinder: ....
4. Alte und kranke Menschen brauchen viel ....
5. Wenn Männer und Frauen die gleichen Rechte und Chancen haben: ....

7 Ergänzen Sie die Sätze mit Wörtern aus „Ihr Wortschatz".

Nach der Geburt meiner Tochter Clara hatte mein Mann Nils zuerst auch

(1) *Elternzeit* .... Da war alles super. Aber dann haben wir in keiner

(2) .... einen Platz bekommen und ich musste mit Clara zu Hause

bleiben und die (3) .... allein übernehmen, während Nils weiter

(4) .... machte. Er bekam in seinem Job immer mehr

(5) .... und musste immer mehr arbeiten – und ich saß allein zu Hause.

Damit ging es mir gar nicht gut, ich hatte eine große (6) .... Es hat unsere

(7) .... dann gerettet, dass ich angefangen habe, selbstständig von zu

Hause aus zu arbeiten. Jetzt geht es uns allen wieder gut!

8 Für Ihren Alltag – Schreiben Sie in Ihrer Sprache.

Bei uns ist es ganz klar, dass…

Es kommt darauf an.

Ich koche, während mein Mann putzt.

Ich verstehe nicht, warum …

Kannst du mir erklären, was …

Ich stimme dir zu, aber …

Ist es nicht eher so, dass …

Ich brauche nicht früh aufzustehen.

Ist das deins?

9 Ihre Wörter und Sätze – Schreiben Sie.

Ihre Sprache: Deutsch:

10 Ihr Text – Gleichberechtigung in meiner Kultur. 🖊 Schreiben Sie in Ihr Heft.

Bei uns kümmern sich Männer und Frauen gemeinsam um die Kindererziehung. Es ist normal, dass …

12 Berufliche Anerkennung

nach 2

1 Kreuzworträtsel – Ergänzen Sie.

Ergänzen Sie.

1	K	O	M	M	U	N	I	K	A	T	I	O	N

2
3
4
5
6
7
8
9
10
11

1. Wenn sich zwei Menschen nicht verstehen, sagt man, dass die K… nicht funktioniert.
2. Wenn Menschen wenig Geld verdienen, ist ihr E… sehr niedrig.
3. Khalid kommt aus Ägypten. Ägypten ist sein H… .
4. Wenn man sich die Haare schneiden lassen will, geht man zum F… .
5. Wenn man mit Behörden zu tun hat, dauert es oft sehr lange, bis man seine Papiere bekommt, und man ärgert sich über die umständliche und langsame B… .
6. Wenn man im Ausland einen Beruf hatte und in Deutschland in diesem Beruf arbeiten will, dann muss man vorher oft eine W… machen.
7. Athula hat eine A… in Ägypten gemacht. Er möchte, dass sie anerkannt wird.
8. Wenn man Hilfe braucht, dann kann man zu einer B… gehen und sich dort Informationen holen.
9. Viele Schüler mit Abitur möchten an eine Universität gehen und dort ein S… machen.
10. Wenn man seine Berufserfahrung anerkennen lassen will oder sich bewirbt, dann sind die Z… das Wichtigste.
11. Damit der Beruf anerkannt wird, braucht man viele U… (Zeugnisse, Ausweise …).

Das Lösungswort hat mehrere Bedeutungen:
Ich brauche eine A… für meine beruflichen Qualifikationen.
Wir alle brauchen A… im beruflichen Leben und im Privatleben.

2 Partizipien

a Ergänzen Sie das Partizip II.

1. anerkennen	*anerkannt*	6. erreichen	
2. anstellen		7. finden	
3. besuchen		8. frustrieren	
4. einladen		9. prüfen	
5. einrichten		10. übersetzen	

b Ergänzen Sie die Sätze mit Verben aus 2a.

1. Vor der beruflichen Anerkennung werden die Unterlagen

   genau _geprüft_____.

Arbeitszeugnis

>oren am 04.04.■■■, wohnhaft in Wiesenweg 9
08 bis zum 30. Juni 2011 in unserem Unternehn
r tätig.

eits über sehr gute Fachkenntnis■
ıgszeit die Leitung unserer Beraterab
rfekten Englischkenntnisse war Herr ■
ehr geschätzt und beliebt

s gewissenhaft, sorgfältig und erledigte alle
den 7 ufriedenheit

2. Ein Kollege hat meinen Brief ins Deutsche

   ....

3. Wenn man alle Unterlagen hat, wird man zu einem Gespräch ....

4. Ich suche mein Abschlusszeugnis. Bis jetzt habe ich es noch nicht ....

5. Am letzten Wochenende habe ich meine neue Wohnung .... Sie ist schön.

6. Wenn Athula die Anerkennung hat, wird er vielleicht fest ....

nach 3

3 Schreiben Sie die Texte: Satz a) im Präteritum, Satz b) im Plusquamperfekt, Satz c) im Präsens. Markieren Sie die Verben.

1.
a) Natascha / 2017 / nach Deutschland / kommen

b) Davor / in Kiew / zur Schule / gehen

c) Jetzt / Deutsch lernen

Natascha kam 2017 nach Deutschland.

Davor war sie in Kiew zur Schule gegangen.

Jetzt lernt sie Deutsch.

2.
a) Acheme / als Friseur / arbeiten / von 2013 bis 2017 ....

b) Davor / Deutsch lernen ....

c) Jetzt / eine Ausbildung als Elektriker / machen ....

3.
a) Miriam / arbeiten / als Ärztin / in Jordanien ....

b) Vorher / studieren / Medizin ....

c) Zurzeit / machen / eine Weiterbildung / in Köln ....

4.
a) Vor einem Monat / Abdul / bekommen / Asyl ....

b) Vorher / ein Jahr / warten / auf die Anerkennung ....

c) Jetzt / suchen / eine Arbeit ....

5.
a) Mario / finden / im Mai / einen Ausbildungsplatz ....

b) Vorher / suchen / fast ein Jahr ....

c) Jetzt / glücklich sein ....

4 Wie viele Wörter finden Sie in diesem Wort? Arbeiten Sie mit dem Wörterbuch.

Anerkennungsberatungsstellenleiterin

_an, er, erkennen_____

....

5 Infinitive als Nomen – Ergänzen Sie die Tabelle wie im Beispiel.

Nomen	Verb	Nomen aus Infinitiv
1. die Durchführung	*durchführen*	*das Durchführen*
2. die Anpassung		
3. die Reparatur		
4. die Bearbeitung		
5. die Beratung		
6. der Verkauf		
7. die Verwaltung		
8. die Arbeit		

6 Komposita – Notieren Sie die Elemente wie im Beispiel.

1. das Brillenputztuch   *die Brille, putz(en), das Tuch*
2. die Kontaktlinse
3. das Fensterglas
4. die Reinigungsflüssigkeit
5. das Putzmittel
6. das Berufsprofil
7. das Elektrikerhandwerk
8. das Berufsberatungsgespräch

7 Welche Antworten passen zu den Fragen? Ordnen Sie zu.

**Fragen des Sachbearbeiters /
der Sachbearbeiterin**
1. Wie heißen Sie?
2. Wie lange sind Sie schon in Deutschland?
3. Welchen Beruf haben Sie gelernt?
4. Wie viele Jahre Berufserfahrung
   haben Sie?
5. Welche Zeugnisse und Unterlagen
   haben Sie?

**Fragen an den Sachbearbeiter /
die Sachbearbeiterin**
6. Wie lange dauert das Anerkennungsverfahren?
7. Wer muss eine Nachqualifzierung machen?
8. Wie viel kostet die Anerkennung?

a) Das kommt darauf an, wie
   schnell Sie die Unterlagen
   haben.
b) Das ist unterschiedlich:
   100 bis 600 Euro und dazu
   evtl. noch Kosten für Übersetzungen usw.
c) Ich bin Altenpflegerin von Beruf.
d) Ich habe mein Schulzeugnis dabei und ein
   Arbeitszeugnis vom Altenheim.
e) Mein Name ist Elena Pilaski.
f) Nach der Ausbildung habe ich zwei Jahre in einem
   Altenheim gearbeitet.
g) Seit 2017.
h) Sie müssen das machen, wenn Ihre Qualifikationen
   für den Beruf nur zum Teil anerkannt werden.

12

8 Nachdem

a Präsens und Perfekt – Schreiben Sie die Sätze.

1. Er / im Hotel / arbeiten / jetzt /, // nachdem / er / abschließen / seine Ausbildung / .

   Er arbeitet jetzt im Hotel, nachdem er seine Ausbildung abgeschlossen hat.

2. Wir / eine Deutschlandreise / machen /, // nachdem / bestehen / die Prüfung / .

   ....

3. Meine Freunde / nach Kanada / fahren /, // nachdem / sie / bekommen / ein Visum / .

   ....

4. Cecilia / arbeiten / Teilzeit / jetzt /, // nachdem / sie / bekommen / eine Tochter / .

   ....

b Präteritum und Plusquamperfekt – Ergänzen Sie den Text.

Kein Strom – nirgends

Nachdem ich gestern (1) *aufgestanden war* (aufstehen), *ging* (gehen)

ich ins Bad und (2) .... (wollen) mir die Zähne putzen. Ich (3) .... (wollen)

das Licht anmachen, aber es (4) .... (bleiben) dunkel. Kein Strom! Nachdem ich

die Sicherung (5) .... (finden), (6) .... ich

.... (feststellen), dass das nicht das Problem sein (7) .... (können).

Kein Strom in der ganzen Straße. Nachdem ich mein Handy (8) ....

(finden), (9) .... ich meine Freundin .... (anrufen). Auch sie

(10) .... (haben) keinen Strom. Kein Strom in der

ganzen Stadt. Nachdem ich mich (11) ....

.... (anziehen), (12) .... (gehen)

ich aus dem Haus zur Straßenbahnhaltestelle. Kein Strom,

keine Straßenbahn! Nachdem ich wieder in meiner Wohnung

(13) .... (ankommen),

(14) .... (werden) plötzlich alles hell und im Radio .... (kommen) die

Nachrichten: Nach einem Feuer gestern Nacht gegen 23 Uhr in der Zentrale des Elektrizitätswerks ...

9 Welches Verb passt nicht? Streichen Sie es durch.

1. elektrische Geräte   montieren • reparieren • bedienen • ~~beraten~~
2. Kunden   betreuen • ansprechen • verkaufen • beraten
3. Hotelgäste   betreuen • bedienen • reparieren • ansprechen
4. Geschäftsbriefe   montieren • schreiben • lesen • korrigieren
5. Produkte   kaufen • beschreiben • wegwerfen • unterrichten
6. Telefonate   bedienen • entgegennehmen • führen • beenden

Ihr Wortschatz

Nomen

der Ablauf, ̈e	....	die Kontaktlinse, -n	....
die Altenpflege (Sg.)	....	die Krankenpflege (Sg.)	....
das Arbeitszeugnis, -se	....	der Liebeskummer (Sg.)	....
die Berufswahl (Sg.)	....	das Merkblatt, ̈er	....
die Bescheinigung, -en	....	das Mittel, –	....
die Bildung (Sg.)	....	der Oberbegriff, -e	....
die Bürokratie (Sg.)	....	die Primarschule, -en	....
die Definition, -en	....	die Schönheit (Sg.)	....
das Einzelteil, -e	....	die Schulbildung (Sg.)	....
die Fähigkeit, -en	....	die Sekundarschule, -en	....
die Flüssigkeit, -en	....	die Sprachkenntnisse (Pl.)	....
das Friseurgeschäft, -e	....	der Stern, -e	....
die Gastronomie (Sg.)	....	das Telefonat, -e	....
der Geschäftsbrief, -e	....	die Übersetzung, -en	....
das Handwerk (Sg.)	....	die Verwaltung, -en	....
der Kellner, –	....	die Weiterbildung, -en	....
die Kellnerin, -nen	....	der Zeitraum, ̈e	....

Verben

anpassen	....	entgegennehmen	....
auftreten	....	frustrieren	....
auschecken/einchecken	....	montieren	....
bewerten	....	(sich) orientieren	....
dokumentieren	....	stellen (einen Antrag / eine Frage)	....
durchführen	....		
einfallen	....	zusammenbleiben	....
einreichen	....	sich zusammensetzen	....

Adjektive

beruflich	....	tabellarisch	....
kosmetisch	....	zukünftig	....

Andere Wörter

einander	....	Was für ein …?	....
nachdem	....	zuvor	....

10 Suchen Sie Wörter zum Thema *Bildung* in „Ihr Wortschatz". Ergänzen Sie noch weitere Wörter, die Sie kennen.

lernen

die Primarschule

Bildung

die Ausbildung

11 Ergänzen Sie die Ausdrücke mit Verben aus „Ihr Wortschatz". Manchmal gibt es mehrere Möglichkeiten.

1. eine Leistung *bewerten* ....
2. einen Antrag ....
3. in ein Hotel ....

4. die eigene Berufserfahrung ....
5. in einer Show ....
6. mit dem Freund ....

12 Für Ihren Alltag – Schreiben Sie in Ihrer Sprache.

Welchen Beruf haben Sie gelernt? ....

Ich habe eine Ausbildung als Bankkauffrau. ....

Nach der Schule habe ich in einer Fabrik gearbeitet. ....

Was sind Ihre Pläne für die Zukunft? ....

Zwei von uns wollen ein Studium machen. ....

Mein schönster Erfolg war, als ich … ....

Neulich war ich stolz auf mich. Ich … ....

Bevor ich nach Deutschland kam, war ich in …. ....

Nachdem ich hier angekommen war, habe ich … ....

Ich will unbedingt etwas mit Menschen machen. ....

Ich kann mir (nicht) vorstellen, Lehrerin zu sein. ....

Ich würde ganz gerne als Altenpfleger arbeiten. ....

13 Ihre Wörter und Sätze – Schreiben Sie.

Ihre Sprache: | Deutsch:

14 Ihr Text – Wählen Sie einen Beruf und schreiben Sie, warum dieser Beruf richtig für Sie wäre oder nicht. 🖊 Schreiben Sie in Ihr Heft.

Handwerker/in   Lehrer/in   Bankangestellte/r   Arzt/Ärztin   Künstler/in   Hausmann/Hausfrau

Ich wäre gerne Handwerker. Am liebsten würde ich mit Holz arbeiten. Ich arbeite gerne …

13 Freiwillig

nach 2

1 Bürger helfen Bürgern.

a Was bedeuten die folgenden Wörter und Ausdrücke? Ordnen Sie zu.

1. ehrenamtlich
2. freiwillig
3. jemanden unterstützen
4. opfern
5. jemandem einen Preis verleihen
6. der Übersetzer / die Übersetzerin
7. der Betreuer / die Betreuerin
8. die Bevölkerung

a) Man verzichtet auf etwas, um es anderen zu geben.
b) Man hilft jemandem bei etwas.
c) Man tut etwas, aber man erhält dafür kein oder nur wenig Geld.
d) Das ist eine Person, die sich um eine andere Person kümmert.
e) Man macht etwas, weil man es will, und nicht, weil man es muss.
f) Das sind die Menschen, die in einem Gebiet leben.
g) Das ist ein Beruf. Eine Person drückt etwas aus einer Sprache in einer anderen Sprache aus.
h) Jemand bekommt eine Belohnung für etwas.

b Ergänzen Sie.

sich engagieren   erhalten   ~~mitgestalten~~   suchen   verleihen
funktionieren   opfern   unterstützen

1. Viele Menschen möchten die Gesellschaft ....*mitgestalten*......... .

2. Eine Studie stellte fest, dass .... ca. ein Drittel der

   Deutschen ehrenamtlich ....

3. Sie .... dafür auch ihre Freizeit.

4. Der Verein .... dringend ehrenamtliche Helfer.

5. Die Helfer .... ältere oder behinderte

   Menschen oder Jugendliche mit Problemen.

6. Manche gesellschaftlichen Bereiche .... nur mithilfe der ehrenamtlichen Helfer.

7. Manchmal .... Ehrenamtliche für ihre Arbeit auch eine Belohnung.

8. Der Bürgermeister hat den freiwilligen Helfern am Sonntag einen Preis ....

2 Wiederholung: Verbinden Sie die Sätze mit *weil* oder *obwohl*.

1. Viele Menschen engagieren sich ehrenamtlich. Sie wollen helfen.

   Viele Menschen engagieren sich ehrenamtlich, weil sie helfen wollen.

2. Es fehlen freiwillige Helfer. Ein Drittel der Bevölkerung setzt sich für andere Menschen ein.

   ....

3. Viele gesellschaftliche Bereiche funktionieren gut. Es gibt ehrenamtliche Helfer.

   ....

4. Tarek arbeitet in seiner Freizeit mit Jugendlichen. Er hat wenig Zeit.

   ....

5. Janina organisiert eine Theatergruppe für Senioren. Sie möchte ihnen eine Freude machen.

   ....

3 Wiederholung: Genitiv

a Schreiben Sie den Genitiv.

	maskulin (der Mitarbeiter)	neutrum (das Kind)	feminin (die Chefin)	Plural (die Angestellten)
bestimmter Artikel	*des Mitarbeiters*	....	....	....
unbestimmter Artikel	....	....	*einer*	....

b Bilden Sie den Genitiv wie im Beispiel.

1. das Engagement / die Helfer   *das Engagement der Helfer* ....

2. die Tätigkeit / der Fahrer   ....

3. der Kindergarten / meine Tochter   ....

4. die Unterstützung / die Senioren   ....

5. die Arbeit / der Verein   ....

6. das Ergebnis / eine Studie   ....

4 Präpositionen mit Genitiv – Ergänzen Sie: *trotz, während* oder *wegen*.

1. Carolina hat sich in einem freiwilligen Projekt in Ecuador engagiert. (1) *Während* dieser Zeit hat sie viel gelernt. (2) .... der Sprachschwierigkeiten zu Beginn hat sie sich mit den Kollegen vor Ort gut verstanden. (3) .... ihres großen Engagements war Carolina sehr beliebt.

2. (1) .... einer Grippe konnte Norman letzte Woche nicht ins Büro gehen. (2) .... dieser Zeit hat ein Kollege seine E-Mails beantwortet. (3) .... der Unterstützung durch seinen Kollegen blieb viel Arbeit liegen.

3. (1) .... des Sommers fährt Ines mit dem Fahrrad zur Arbeit. Aber (2) .... des Regens hat sie heute Morgen den Bus genommen. (3) .... des starken Verkehrs war der Bus pünktlich im Stadtzentrum.

5 Verben mit Präposition. Welche Präposition passt? Markieren Sie.

1. Er informiert sich über/um Möglichkeiten, ehrenamtlich zu arbeiten.

2. Sie setzen sich an/für behinderte Menschen ein.

3. Sie kämpfen über/für eine bessere Welt.

4. Er kümmert sich um/für die Fahrräder der Kinder.

5. Der Chef verlässt sich auf/über seine Mitarbeiter.

6. Alle freuen sich über/für den Erfolg des Projekts.

6 Adjektivendungen im Genitiv. Schreiben Sie die Sätze.

1. die Arbeitszeiten / die neue Mitarbeiterin / gut / sein / .

   Die Arbeitszeiten der neuen Mitarbeiterin sind gut.

2. die Reparatur / das alte Fahrrad / lang / dauern / .

   ....

3. die Fragen / die neugierigen Kinder / lustig / sein / .

   ....

4. die Antworten / der engagierte Leiter / freundlich / sein / .

   ....

5. die Aufgaben / der ehrenamtliche Helfer / interessant / sein / .

   ....

6. die Hilfe / die freundliche Nachbarin / im richtigen Augenblick / kommen / .

   ....

7 Passiv

a Was wird wo gemacht? Ordnen Sie die Aktivitäten den Orten zu.

| der Garten | die Küche | die Werkstatt | das Büro |

~~Blumen gießen~~   Fahrrad reparieren   Geschirr abwaschen   Obst ernten

Salat pflanzen   E-Mails beantworten   Lieferung annehmen   Kunden anrufen

Suppe kochen   Ersatzteile bestellen   Zwiebeln schneiden   Reifen aufpumpen

im Garten: *Blumen gießen,* ....

in der Küche: ....

in der Werkstatt: ....

im Büro: ....

b Was muss gemacht werden? Wählen Sie für jeden Ort aus 7a zwei Aktivitäten und schreiben Sie Sätze wie im Beispiel.

Im Garten:
– Die Blumen müssen gegossen werden.
– ...

In der Küche:
– ...

8 Eine Mail von Luka. Ergänzen Sie.

Lieber Florian,

heute war mein erster Tag im Kinderheim. Du we_i ß t_ ja, i___ wollte mi___ schon la_____

ehrenamtlich engag_____ und je_____ habe i___ die Mögli_____ bekommen, in ei_____

Kinderheim zu arbe_____. Was i___ dort ma_____? Ich repa_____ zusammen m___ den

Kin_____ ihre Fahr_____.

Heute ha___ ich zue_____ die Kin_____ kennengelernt. Da___ haben w___ uns zusa_____ die

Werk_____ und d___ Werkzeug anges_____. Ein kle_____ Junge h___ mir sof_____

sein kapu_____ Fahrrad gez_____. Wir mus_____ nur d___ Reifen aufp_____, dann

funkti_____ es wie_____. Und d___ Junge w___ so glüc_____ und st_____! Anschließend

ha_____ die Kin_____ und i___ die Lam_____ an e___ paar Fahrr_____ repariert u___ die

Kin_____ haben ih___ Fahrräder gep_____. Ich gla_____, es hat allen Spaß gemacht. Nächste

Woche gehe ich wieder hin.

Viele Grüße,
Luka

9 Der erste Tag in der neuen Firma. Beschreiben Sie den Ablauf des Tages:

zuerst, dann, danach, anschließend, zum Schluss.

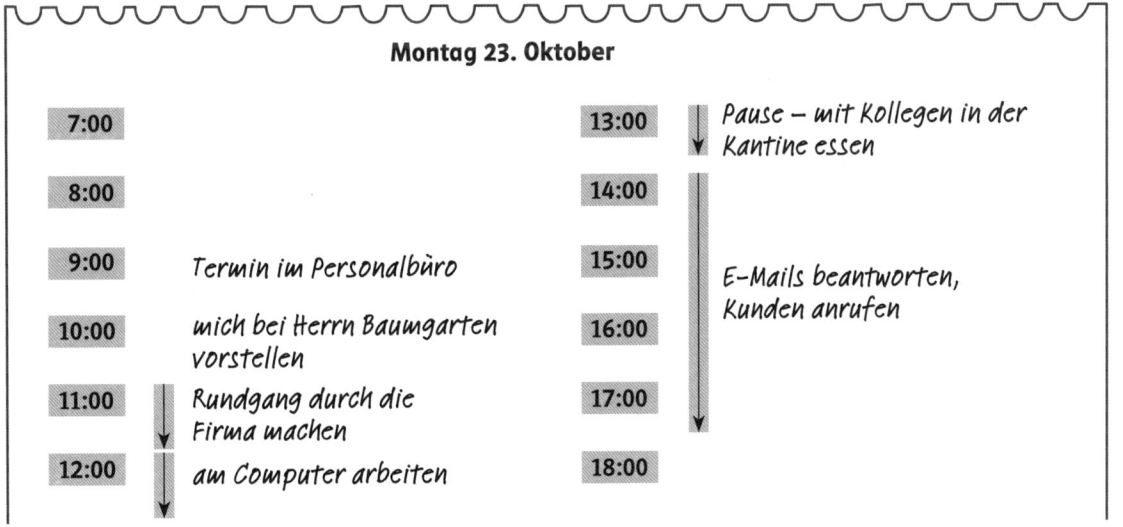

Montag 23. Oktober

7:00	13:00 ↓ Pause – mit Kollegen in der Kantine essen
8:00	14:00
9:00 Termin im Personalbüro	15:00
10:00 mich bei Herrn Baumgarten vorstellen	16:00 E-Mails beantworten, Kunden anrufen
11:00 ↓ Rundgang durch die Firma machen	17:00
12:00 ↓ am Computer arbeiten	18:00

Heute war mein erster Tag in der neuen Firma. Zuerst hatte ich einen Termin im Personalbüro.

Dann ...

....

Ihr Wortschatz

Nomen

die Belohnung, -en	....	die Kraft, ¨e	....
der Betreuer, –	....	die Lampe, -n	....
die Betreuerin, -nen	....	der Lenker, –	....
die Bevölkerung, -en	....	die Luftpumpe, -n	....
der Bürger, –	....	die Milliarde, -n	....
die Bürgerin, -nen	....	die Mitarbeit (Sg.)	....
das Ehrenamt, ¨er	....	der Reifen, –	....
das Engagement (Sg.)	....	das Rücklicht, -er	....
das Ersatzteil, -e	....	das Semester, –	....
die Feuerwehr, -en	....	die Studie, -n	....
die Gesellschaft, -en	....	der Übersetzer, –	....
das Heim, -e	....	die Übersetzerin, -nen	....
die Klingel, -n	....	die Vertretung, -en	....

Verben

absagen	....	halten (für + A.)	....
aufpumpen	....	kämpfen	....
auswechseln	....	(sich) verhalten	....
sich bedanken (für + A.)	....	(sich) verlassen (auf + A.)	....
(sich) einsetzen (für + A.)	....	verleihen	....
(sich) entwickeln	....	(sich) verpflichten (für + A.)	....
erfordern	....	zusammenkommen	....

Adjektive

behindert	....	jugendlich	....
ehrenamtlich	....	konkret	....
gesellschaftlich	....	wünschenswert	....

Andere Wörter

allerdings	....	trotz	....
circa (ca.)	....	voneinander	....
ebenso	....	wegen	....
möglichst	....		

10 Wie heißen die Teile des Fahrrads? „Ihr Wortschatz" hilft.

3. ....

1. ....

4. ....

5. ....

6. ....

7. ....

2. *der Reifen* ....

11 Ergänzen Sie die Sätze mit Verben aus „Ihr Wortschatz".

1. Lucía möchte .... *sich* .... für die Gesellschaft *einsetzen* ....

2. Ein gesellschaftliches Engagement .... oft viel Zeit.

3. Das Kinderheim .... auf seine ehrenamtlichen Helfer.

4. Die Leiterin des Kinderheims .... für die Unterstützung.

5. Die Stadt .... einen Preis für ehrenamtliche Arbeit.

6. Leider kann Lucía heute nicht mitkommen, sie muss den Termin ....

12 Für Ihren Alltag – Schreiben Sie in Ihrer Sprache.

Während meiner Freizeit ... .

Wegen des Wetters ... .

Die Fahrräder müssen repariert werden. ....

Würden Sie das auch tun? ....

Ich könnte mir vorstellen, dass ... .

Ich bin der Meinung, dass ... .

Das halte ich für keine gute Idee. ....

Wie wäre es, wenn wir ... .

Ich möchte etwas anderes vorschlagen: ... .

13 Ihre Wörter und Sätze – Schreiben Sie.

Ihre Sprache: Deutsch:

....

....

....

....

14 Ihr Text – Was finden Sie wichtig? Wofür würden Sie sich engagieren?

🖊 Schreiben Sie einen kurzen Text.

Ich finde es sehr wichtig, dass ...
Deshalb würde ich ...

14 Ein neues Zuhause

nach 1

1 Wiederholung: *kein / nicht brauchen ... zu* – Schreiben Sie wie in den Beispielen.

Jassem und Chani sind vom Land in die Stadt gezogen.

1. den Rasen nicht mehr mähen   *Sie brauchen den Rasen nicht mehr zu mähen.*

2. nicht mehr die Gartenarbeit machen   ....

3. nicht mehr jeden Morgen im Stau stehen ....

4. nicht mehr auf den Bus warten   ....

Rachel zieht in das Zimmer einer Freundin, die ins Ausland geht.

5. keine Möbel kaufen   ....

6. keine Wände anstreichen   ....

7. keine Lampen aufhängen   ....

8. keinen Transport organisieren   ....

nach 2

2 Hobbys

a Was passt nicht? Streichen Sie durch.

1. den Rasen   mähen • pflegen • ~~putzen~~
2. Mitglied in einem Verein   stellen • werden • sein
3. einen Verein   machen • gründen • suchen
4. Spaß   haben • spielen • machen

5. Insekten • Filme • Vögel	beobachten
6. Videos • Filme • Fotos	drehen
7. Fahrrad • Klavier • Gitarre	spielen
8. Musik • Bilder • Konzerte	anhören
9. Rad • Auto • Verkehr	fahren
10. Stress • Briefmarken • Pilze	sammeln

b Ergänzen Sie.

Mein besonderes Hobby:

In mei_n_e_r Freizeit ma_____ ich me_____ Stadt grü_____! Zusammen

m___ ein pa___ anderen Leu_____ machen w___ Pflanzaktionen in

d___ Stadt. W___ pflanzen im Pa___ Tomaten od___ am Straßenrand

Blu_____. Wir treffen u___ aber ni_____ regelmäßig. Unge_____ alle

zw___ Wochen si___ wir unte_____. Aber natü_____ kümmern

w___ uns regel_____ um uns_____ Pflanzen. We___ es he___ ist,

gie_____ wir s___. Und d___ Früchte ern_____ und es_____ wir selbstver_____ auch

zusa_____. Bisher fin_____ alle uns_____ Aktionen g___, Ärger ha_____ wir no___ nie beko_____.

3 In der Gemeinde

a Ergänzen Sie die Wortteile.

schule   tegration   wohner   cherei   benbetreuung   chförderung   ~~germeister~~

1. Der Bür *germeister* von Berkel tut viel dafür, dass alle Ein................................. sich in der Gemeinde wohlfühlen.

2. Für Kinder, die nicht Deutsch als Muttersprache haben, gibt es schon im Kindergarten eine Spra.................................

3. Später, in der Grund................................., gibt es auch Unterstützung.

4. Schülern, die Probleme haben, wird in der Hausaufga................................. geholfen.

5. In der Bü................................. gibt es eine große Jugendabteilung, und außerdem gibt es noch den beliebten Jugendclub.

6. Deshalb ist Berkel ein gutes Beispiel für die erfolgreiche In................................. neuer Bürgerinnen und Bürger.

b n-Deklination – Ergänzen Sie -n oder -en, wo es nötig ist.

1. ● Hast du den neuen Kolleg_en_ schon kennengelernt?

   ○ Welchen Kolleg........ meinst du? Den, der früher Polizist........ war?

   ● Nein, ich meine nicht den Polizist........ Ich meine den Journalist........

2. ● Gestern habe ich lange mit Herr........ Knauer diskutiert. Er will dem Praktikant........ jetzt doch ein bisschen Geld geben.

   ○ Gut! Der Kollege........ Knauer hat also doch noch nicht vergessen, wie wenig Geld man als Student........ immer hat!

   ● Das ist aber nicht bei jedem Student........ so. Der letzte Praktikant........ hatte einen reichen Vater. Sein alter Herr........ hatte richtig viel Geld, und der Sohn kam immer mit einem ganz tollen Auto zur Arbeit!

3. ● Ich habe endlich unseren neuen Nachbar........ kennengelernt. Ich glaube, das ist ein sehr netter Mensch........

   ○ Meinst du den älteren Herr........ aus dem zweiten Stock? Stimmt, ich halte ihn auch für einen sehr sympathischen Mensch........

4 Ein Telefongespräch – Ergänzen Sie.

gerne Bescheid   ich kann leider nicht kommen

für Ihre Hilfe   Entschuldigung, könnten Sie   ~~was kann ich für Sie tun?~~

mich bitte mit ihr verbinden   Ihnen vielleicht weiterhelfen?   mein Name ist

● Jobcenter Berkel, mein Name ist Hubert Seiler, (1) *was kann ich für Sie tun?*

○ Guten Tag, (2) .... Olga Kabak, ich möchte gerne mit Frau

Hoffmann sprechen. Könnten Sie (3) ....?

● Frau Hoffmann ist heute leider nicht im Haus. Kann ich (4) ....

....? Worum geht es denn?

○ Ich habe morgen eigentlich einen Termin bei Frau Hoffmann, aber (5) ....

...., weil meine kleine Tochter krank ist.

● Gut, ich sage Frau Hoffmann (6) .... Wie ist Ihr Name, bitte?

○ Olga Kabak.

● (7) ...., das bitte wiederholen?

○ Olga Kabak.

● Gut, Frau Kabak. Frau Hoffmann ruft Sie dann morgen an, um einen neuen Termin auszumachen.

○ Vielen Dank (8) .... Auf Wiederhören.

5 Relativsätze

a Wiederholung: Relativsätze im Nominativ und im Akkusativ – Ergänzen Sie.

1. Auf den Kurs, *den* .... du mir empfohlen hast, freue ich mich schon sehr.

2. Der Kurs, ... eigentlich Anfang September beginnen sollte, beginnt drei Wochen später.

3. Die Dozentin, ... auf einer Weiterbildung ist, kommt erst Mitte September zurück.

4. Der neue Termin, ... die Volkshochschule uns genannt hat, passt mir zum Glück.

5. Das Programm, ... uns schon geschickt wurde, klingt sehr interessant.

6. Die anderen Teilnehmer, ... ich natürlich noch nicht kenne, sind hoffentlich nett.

b Relativsätze mit Präpositionen – Schreiben Sie die Relativsätze.

1. Die neue Kollegin ist sehr nett. Ich habe mich mit der Kollegin unterhalten.
2. Die Filme findet sie auch interessant. Ich interessiere mich für die Filme.
3. Das Einweihungsfest für ihre neue Wohnung ist am Samstag. Ich bin zu dem Fest eingeladen.
4. Sie hat mir die Einladung gestern gegeben. Ich habe mich über die Einladung sehr gefreut.

Eine Woche später:
5. ○ Warum warst du denn am Samstag nicht bei dem Fest? Du hast dich so auf das Fest gefreut.
6. ● Das war der Termin. Ich habe leider nicht an den Termin gedacht.
7. ○ Die Kollegen waren ganz traurig, dass du nicht da warst. Ich habe mit den Kollegen gesprochen.

1. Die neue Kollegin, mit der ich mich unterhalten habe, ist sehr nett.

6 Ein Brief von der Musikschule – Was passt? Kreuzen Sie an.

.....0..... geehrter Herr Fritsche,
vielen Dank für Ihr Interesse .....1..... dem Kurs „Musik für Anfänger",
für den Ihre Tochter bei uns auf der Warteliste stand. Leider .....2.....
in diesem Kurs kein Platz mehr frei .....3..... Deshalb möchten wir
.....4..... ein anderes Angebot machen: In .....5..... Kurs „Instrumenten-
karussell" gibt es noch freie .....6..... In diesem Kurs lernen die Kinder
in einem Jahr so verschiedene Instrumente wie Flöte, Gitarre .....7.....
Trompete kennen. Aber auch das gemeinsame Singen kommt in .....8.....
Kurs nicht zu kurz. Ich bin mir sicher, ...9..... Ihre Tochter in diesem Kurs sehr viel Spaß haben wird.
Mit .....10..... Grüßen
Ihre Musikschule Hohenstadt

| 0. | ⓐ Hoch ⓑ Groß ☒ Sehr | 2. | ⓐ bist ⓑ ist ⓒ sein | 4. | ⓐ Ihnen ⓑ Ihr ⓒ Sie | 6. | ⓐ Platz ⓑ Plätze ⓒ Plätzen | 8. | ⓐ diesem ⓑ diesen ⓒ dieser | 10. | ⓐ freundlich ⓑ freundliche ⓒ freundlichen |

| 1. | ⓐ an ⓑ bei ⓒ gegen | 3. | ⓐ geworden ⓑ werden ⓒ wurde | 5. | ⓐ unser ⓑ unserem ⓒ unseren | 7. | ⓐ aber ⓑ sondern ⓒ und | 9. | ⓐ dass ⓑ weil ⓒ wenn |

nach 7

7 Relativsätze mit *wo* und *was* – Ordnen Sie zu und schreiben Sie. Manchmal gibt es mehrere Möglichkeiten.

1. Vergiss das,		a) sie arbeitet, ist schöner als das von der letzten Chefin.
2. Sie hat sich für alles entschuldigt,		b) ich dir sagen muss: Ich verdiene jetzt auch mehr!
3. Das Büro,	wo	c) wir feiern, darfst du aussuchen!
4. Und das Restaurant,		d) ich tun musste, war, die neue Chefin zu fragen!
5. Es gibt noch etwas,	was	e) ich dir über die neue Chefin erzählt habe.
6. Alles,		f) wir feiern müssen!
7. Das ist doch etwas,		g) ihre Willkommensfeier war, war ganz toll.
8. Das Café,		h) sie am ersten Tag gesagt hat.

1. e) Vergiss das, was ich dir über die neue Chefin erzählt habe.

nach 8

8 Sofias Präsentation. Ergänzen Sie.

Schluss   Punkt   eigenen   Vorteile   sehe   Fragen   beginnen   Aufmerksamkeit   ~~lautet~~

Das Thema meiner Präsentation (1) .....*lautet*.....: *Leben in der Stadt oder Leben auf dem Land?*

In meiner Präsentation möchte ich (2) .... und Nachteile für das Leben in der Stadt

und auf dem Land nennen, über meine (3) .... Erfahrungen sprechen und erzählen,

wo die Menschen in meinem Land am liebsten wohnen. Ich möchte mit meinen eigenen Erfahrungen

(4) .... Ich persönlich muss sagen, dass ...

Nun spreche ich über den zweiten (5) ...., nämlich welche Vor- und Nachteile ich

(6) ....

Damit komme ich zum (7) .... meiner Präsentation. Vielen Dank für Ihre

(8) .... Haben Sie noch (9) ....?

Ihr Wortschatz

Nomen

der Anbieter, –	....	das Klavier, -e	....
die Aufmerksamkeit *(Sg.)*	....	der Komponist, -en	....
die Aussicht, -en	....	die Komponistin, -nen	....
der Bürgermeister, –	....	die Krippe, -n	....
die Bürgermeisterin, -nen	....	die Musikschule, -n	....
das Car-Sharing *(Sg.)*	....	der Polizist, -en	....
das Einverständnis *(Sg.)*	....	die Polizistin, -nen	....
die Einweihungsparty, -s	....	der Praktikant, -en	....
die Etage, -n	....	die Praktikantin, -nen	....
das Fahrzeug, -e	....	der Prozess, -e	....
die Folie, -n	....	die Reportage, -n	....
die Fortsetzung, -en	....	die Rückmeldung, -en	....
die Gemeinde, -n	....	der Smog *(Sg.)*	....
das Instrument, -e	....	die Sprachförderung *(Sg.)*	....
die Integration *(Sg.)*	....	die Trompete, -n	....
der Kandidat, -en	....	die Wiese, -n	....
die Kandidatin, -nen	....	das Zuhause *(Sg.)*	....

Verben

abrechnen	....	(sich) entschließen	....
anzünden	....	festlegen	....
beobachten	....	sammeln	....
bestehen (eine Möglichkeit)	....	(Sport) treiben	....
drehen (einen Film)	....	verbinden (am Telefon)	....

Adjektive

erschöpft	....	motiviert	....
extrem	....	ruhig	....
logisch	....	witzig	....

Andere Wörter

bereits	....	teilweise	....
deswegen	....	unterdessen	....
statt	....	vorläufig	....
sozusagen	....	zunächst	....

9 Ergänzen Sie Wörter aus „Ihr Wortschatz" und weitere Wörter.

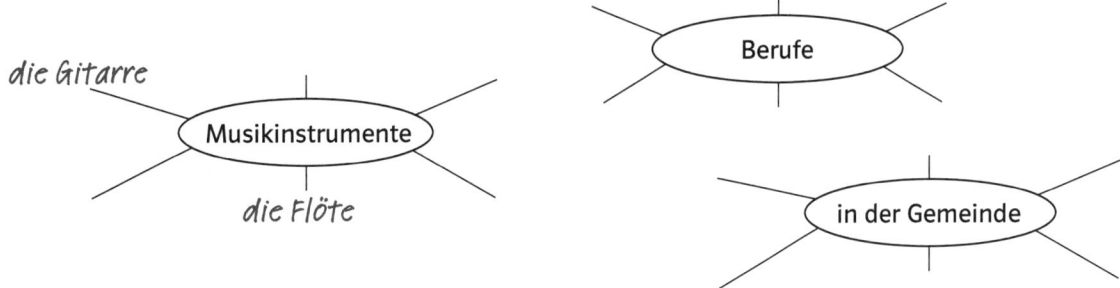

die Gitarre

Musikinstrumente

die Flöte

Berufe

in der Gemeinde

10 Ergänzen Sie Nomen und Verben aus „Ihr Wortschatz".

Verben	Nomen	Verben	Nomen
1. anbieten	*der Anbieter*	5.	der Entschluss
2. fortsetzen	....	6.	die Abrechnung
3. (sich) integrieren	....	7.	die Sammlung
4. komponieren	....	8.	die Verbindung

11 Für Ihren Alltag – Schreiben Sie in Ihrer Sprache.

Ich nehme an, dass…

Vermutlich …

Ich möchte gerne Frau/Herrn … sprechen.

Können Sie mich bitte verbinden?

Ich möchte gerne mit Ihnen über … sprechen.

Ich hätte gerne Informationen zu …

Entschuldigung, das habe ich nicht verstanden.

Könnten Sie das bitte wiederholen?

Können Sie bitte langsamer sprechen?

Vielen Dank für die Auskunft.

12 Ihre Wörter und Sätze – Schreiben Sie.

Ihre Sprache:

Deutsch:

13 Ihr Text – Leben in der Stadt oder auf dem Land? Was möchten Sie lieber? Warum? Die Stichwörter helfen. 🖊 Schreiben Sie in Ihr Heft.

Weg zur Arbeit   Ruhe   Natur   Nachbarn   kulturelles Angebot   Freizeitmöglichkeiten

In der Stadt fühle ich mich wohl, weil ich hier alles habe, was ich brauche: …

15 Weltstadt Wien

nach 2

1 Tourismus in der Stadt

a Markieren Sie die Wörter zum Thema *Tourismus* in der Schlange und notieren Sie sie wie im Beispiel.

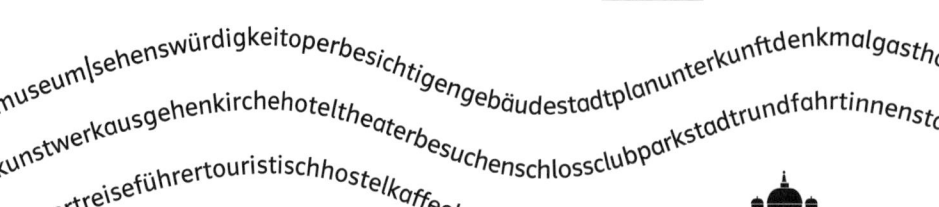

museum|sehenswürdigkeitoperbesichtigengebäudestadtplanunterkunftdenkmalgasthaus
kunstwerkausgehenkirchehoteltheaterbesuchenschlossclubparkstadtrundfahrtinnenstadt
konzertreiseführertouristischhostelkaffeehaussehenswert

Nomen: das Museum, die Museen;
Verben:
Adjektive:

b Ergänzen Sie die Sätze mit Wörtern aus 1a. Manchmal gibt es mehrere Möglichkeiten.

1. Wir übernachten nicht im ....*Hotel*........, sondern haben ein Zimmer in einem

   .... gebucht. Das ist billiger.

2. Zuerst haben wir mit dem Bus eine .... gemacht, und ein Stadtführer

   hat uns die .... erklärt.

3. Obwohl wir im Internet alle Informationen finden können, haben wir einen

   .... und einen .... gekauft.

4. Vera interessiert sich für Musik, und wir .... jeden Abend

   .... Gestern Abend waren wir ganz klassisch in der ....

   Heute gehen wir in einen .... und tanzen.

5. Am Sonntag wollen wir ins .... gehen. Es gibt dort eine

   .... Ausstellung und viele interessante ....

6. Morgen .... wir ein berühmtes Schloss. Es ist bekannt für seinen schönen

   .... mit vielen alten Bäumen.

2 Wiederholung: Konnektoren

a Verbinden Sie die Sätze mit *und, oder, aber, denn*. Benutzen Sie jeden Konnektor nur einmal.

1. Wir wollten ins Kino gehen. Wir waren zu spät dort.
2. Sandra hatte den Bus verpasst. Ich hatte keinen Parkplatz gefunden.
3. Wir konnten den Film nicht sehen. Es gab keine Karten mehr.
4. Nächstes Mal kaufen wir die Karten im Internet. Wir gehen früher los.

   Wir wollten ins Kino gehen, aber wir waren zu spät dort.

b Haupt- und Nebensätze – Ergänzen Sie die Konnektoren.

bevor   damit   dass   obwohl   wenn   ~~weil~~

1. Ben schreibt an Faris, ___weil___ er im Sommer nach Wien fahren will.

2. Faris lädt Ben zu sich ein, ... er nur eine kleine Wohnung hat.

3. .... Ben nach Wien fährt, muss er viel organisieren.

4. Er möchte einen Kurs in Wirtschaftsdeutsch besuchen, ... er im Beruf weniger
   sprachliche Probleme hat.

5. .... Ben Zeit hat, möchte er in Wien eine Stadtführung machen.

6. Faris hat ihm erzählt, ... er sich gut in Wien auskennt.

c Schreiben Sie die Sätze zu Ende. Benutzen Sie *deshalb* oder *trotzdem*.

1. Luc interessiert sich für Kunst, ___deshalb geht er oft ins Museum___ .
   (er / oft ins Museum / gehen)

2. Der Maler ist nicht sehr bekannt, ...
   (viele Leute / die Ausstellung / sehen wollen)

3. Die Kunstwerke gefallen Luc sehr, ...
   (er / viele Stunden / im Museum / bleiben)

4. Man darf die Bilder nicht fotografieren, ...
   (er / einen Katalog / kaufen)

5. Er ist sehr müde, ...
   (er / noch lange / im Katalog / lesen)

d Ergänzen Sie die Konnektoren.

aber   dass   ~~deshalb~~   oder   und
    wenn   denn   obwohl   trotzdem   weil

1. Viele Leute möchten die Ausstellung sehen, ___deshalb___ reserviere ich Karten im Internet.

2. Die Karten für die Veranstaltung waren fast ausverkauft, ... wir hatten Glück und haben
   noch welche bekommen.

3. Karin mag Volksfeste .... Mirkola möchte sie in den Prater einladen.

4. Jenny hatte am Wochenende wenig Zeit, ... ist sie mit uns ausgegangen.

5. .... du mich besuchst, nehme ich mir frei und zeige dir die Stadt.

6. Bucht ihr ein Hotel .... übernachtet ihr bei Freunden?

7. Wir haben gehört, ... Wien eine sehr interessante Stadt ist.

8. Leider konnten wir nicht lange im Park spazieren gehen, ... es hat angefangen zu regnen.

9. .... wir schon viel über die Stadt wussten, haben wir bei der Stadtrundfahrt viele
   interessante Informationen bekommen.

10. Ich möchte dir ein Wiener Kaffeehaus zeigen, ... ich die Atmosphäre dort sehr mag.

3 Ergänzen Sie passende Wörter.

die Achterbahn   die Speisekarte   die Ausstellung   die Bedienung   ~~das Buch~~   das Kino

das Kunstwerk   das Bild   das Wahrzeichen   das Denkmal

das Riesenrad   die Stadtführung   die Vorführung   die Bücherei   das Karussell

1. die Literatur, *das Buch,* ....

2. der Film, ...

3. das Museum, ...

4. das Restaurant, ...

5. der Jahrmarkt, ...

6. die Sehenswürdigkeit, ...

4 Vorschläge und Pläne. Verbinden Sie und schreiben Sie die Sätze.

1. Lass uns doch morgen
2. Ich schlage vor,
3. Zum Mittagessen könnten
4. Ich würde morgen lieber
5. Ich hätte auch Lust,
6. Und wie wäre es am Abend

a) mit dir in ein Museum zu gehen.
b) wir dort ein Picknick machen.
c) mit einem Besuch auf dem Jahrmarkt?
d) einen Ausflug in die Natur machen.
e) dass wir ganz früh morgens losfahren.
f) die Altstadt besichtigen.

1. d) Lass uns doch morgen einen Ausflug in die Natur machen.

5 Adjektive vor dem Nomen

a Wiederholung: Adjektivdeklination nach bestimmtem und unbestimmtem Artikel – Schreiben Sie.

Nominativ	Hier ist ...
der Markt / interessant	*der interessante Markt, ein interessanter Markt*
das Kaufhaus / groß	*das große Kaufhaus, ein*
die Bäckerei / gut	
die Läden / international	
Akkusativ	**Wir kaufen ...**
der Fisch / frisch	
das Brot / warm	
die Papaya / exotisch	
die Äpfel / süß	
Dativ	**Ich fahre mit ...**
der Bus / voll	
das Fahrrad / neu	
die Straßenbahn / gemütlich	
die Züge / schnell	

b Adjektive ohne Artikel. Ergänzen Sie die Endungen.

1. Heute im Angebot: französisch*er* Käse, argentinisch......... Rindfleisch, frisch......... Ananas und verschieden......... Kuchen.

2. Wir brauchen gut......... Kaffee, hell......... Bier, frisch......... Milch und drei groß......... Flaschen Wasser.

3. Dieses Fleisch schmeckt am besten mit grün......... Salat oder frisch......... Gemüse, zum Beispiel aus bunt......... Paprika und reif......... Tomaten.

c Im Kaufhaus – Ergänzen Sie die Adjektivendungen. Achten Sie auf den Artikel.

Willkommen im Kaufhaus

In der ersten Etage können Sie (1) schön*e* Kleider, (2) elegant......... Hüte, (3) modern......... Hosen und (4) bunt......... Strümpfe kaufen. Unsere (5) modern......... Lebensmittelabteilung finden Sie im Erdgeschoss. Hier gibt es Lebensmittel aus der (6) ganz......... Welt genauso wie (7) regional......... Obst und Gemüse, (8) frisch......... Fisch oder (9) gesund......... Bioprodukte. In der (10) traditionell......... Bäckerei finden Sie (11) köstlich......... Backwaren. Wenn Sie sich nach Ihrem Einkauf ausruhen möchten, empfehlen wir Ihnen unser (12) gemütlich......... Café im fünften Stock. Hier haben Sie bei (13) schön......... Wetter einen (14) wunderbar......... Blick auf die Stadt.

nach 5

6 Wegbeschreibung – Ergänzen Sie die Präpositionen.

durch   gegenüber   um ... herum   zu

~~entlang~~   über   zu

Geh zuerst die Straße (1) ..... *entlang* ..... und dann (2) .... eine kleine Brücke.

Danach kommst du (3) .... einer großen Kirche. Geh (4) .... die Kirche .... und dann wieder geradeaus, bis du (5) .... einem Park kommst. Geh rechts (6) .... den Park. Am Ende des Weges ist ein altes Haus und (7) .... ist das Gartencafé.

nach 6

7 Ergänzen Sie.

Hallo Ased, ich habe gerade deinen Bericht gelesen und fi*nde* ihn se___ interessant. I___ kann di___ gut vers_____, denn au___ ich b___ mit zw___ Kulturen aufgew_____. Meine Elt____ kommen a___ Polen u___ sind na___ Deutschland geko_____, als i___ noch se___ klein w___. Zu Ha_____ haben w___ Polnisch gespr_____, in d___ Schule u___ mit mei_____ Freunden Deu_____. Das w___ nicht im_____ einfach. Ab___ jetzt arb_____ ich a___ Übersetzerin u___ stelle im_____ wieder fe___, dass es su_____ ist, si___ in zw___ Kulturen auszu_____, und i___ fühle mi___ in bei_____ zu Ha_____.

Malgorzata

Ihr Wortschatz

Nomen

der Bahnsteig, -e ....

das Denkmal, ¨er ....

der Dialekt, -e ....

der Export, -e ....

der Fachmann, ¨er ....

die Fachfrau, -en ....

die Hauptschule, -n ....

das Kaffeehaus, ¨er ....

das Kunstwerk, -e ....

das Lebensmittel, – ....

die Literatur (Sg.) ....

der Migrations- ....
hintergrund, ¨e

die Moschee, -scheen ....

der Mittelpunkt, -e ....

der Nachwuchs (Sg.) ....

die Oper, -n ....

der Paradeiser, – ....

der Pfannkuchen, – ....

der Saal, Säle ....

der Schlagobers (Sg.) ....

die Schlagsahne (Sg.) ....

die Staatsbürgerschaft, -en ....

der Stadtführer, – ....

die Stadtführerin, -nen ....

der Tierpark, -s ....

die Tram, -s ....

die Vorführung, -en ....

das Wahrzeichen, – ....

die Weltstadt, ¨e ....

Verben

abhängen (von + D.) ....

annehmen ....

(sich) auskennen (mit + D.) ....

berücksichtigen ....

(sich) beschränken (auf + A.) ....

unter sich bleiben ....

(sich) drehen ....

(sich) freinehmen ....

handeln (mit + D.) ....

zu tun haben mit ....

umgehen (mit + D.) ....

verurteilen ....

Adjektive

alltäglich ....

exotisch ....

historisch ....

touristisch ....

Andere Wörter

diesmal ....

drüben ....

entlang ....

hin … her ....

irgendwo ....

je … desto

jedoch ....

raus ....

sodass ....

tagsüber ....

tatsächlich ....

8 Ergänzen Sie Nomen aus „Ihr Wortschatz".

1. In Wien sagt man zur Straßenbahn _Tram_ .

2. Schlagobers bestellt man in Österreich, in Deutschland sagt man dazu ....

3. Ein anderes Wort für Zoo ist ....

4. Das Gegenteil von Import ist ....

5. Ein Experte oder ein .... ist eine Person, die sehr viel von etwas weiß oder etwas sehr gut kann.

9 Ergänzen Sie die Sätze mit Verben aus „Ihr Wortschatz".

1. In seinem Beruf _hat_ Mario _mit_ Menschen aus aller Welt _zu tun_ .

2. Seine Firma .... Lebensmitteln aus aller Welt.

3. Wenn er Leute aus einem anderen Land anruft, muss er die unterschiedlichen Tageszeiten

    ....

4. Das Riesenrad .... jeden Tag.

5. Die genauen Öffnungszeiten .... der Jahreszeit ....

6. Familie Said hat 2014 die österreichische Staatsbürgerschaft ....

7. Ased Said hat manchmal Angst, dass ihre Familie ihr Verhalten ....

10 Für Ihren Alltag – Schreiben Sie in Ihrer Sprache.

Ich war einmal in …	
Ich erinnere mich vor allem an …	
Lass uns doch …	
Ich schlage vor, dass …	
Wie wäre es mit …	
Wie komme ich zum Museum?	
Gehen Sie hier geradeaus.	
Mir geht es wie …	
Seit ich in … lebe, …	

11 Ihre Wörter und Sätze – Schreiben Sie.

Ihre Sprache: Deutsch:

12 Ihr Text – Schreiben Sie eine E-Mail. Ein Freund / Eine Freundin will Sie in Ihrer Stadt besuchen. Machen Sie Vorschläge für das Programm. 🖊 **Schreiben Sie in Ihr Heft.**

Lieber / Liebe …,
super, dass du mich in … besuchst. Wenn du kommst, könnten wir …

16 Hier bleibe ich.

nach 2

1 Einbürgerung – Ergänzen Sie den Text.

Viele Menschen aus anderen Ländern, die auf Da*u e r* in Deutschland
le____ möchten, stellen si___ irgendwann die Fr_____, ob sie sich
einbü_____ lassen wol_____. Die Einbü_____ ist eine wichtige
Entsch_____, und viele über_____ sie sich lange. Bei manc_____
sind die Lebenspartner Deut_____ und sie wol_____ heiraten. Der deutsche
Pa___ erleichtert vieles. Es gi___ viel weniger Bürok_____, wenn man Deutsche/r ist. Viele ha_____
auch ein we_____ Angst vor d___ Einbürgerung, weil sie ihre erste Staatsan_____ vielleicht
abg_____ müssen. Manchmal si___ andere Familienmitglieder ge_____ die Einbürgerung. Man_____
sagen, da___ man auch m___ dem deutschen Pa___ in den Au_____ von vielen Deutschen im_____
Ausländer ble_____. Diese Menschen se_____ dann mehr Nach_____ als Vorteile. F___ manche
Herkunftsländer gi___ es die Mögli_____ der doppelten Staatsan_____. Darüber
wird in Deutschland viel diskutiert.

2 Schreiben Sie die Sätze mit *entweder ... oder.*

1. Ich / wollen / in Deutschland bleiben – nach Peru auswandern / .
   Ich will entweder in Deutschland bleiben oder nach Peru auswandern.

2. Maryam / kommen / aus Syrien – dem Irak / .
   ....

3. Sergio / wollen / Wirtschaft studieren – Ausbildung machen / .
   ....

4. Cem / wollen / verreisen – den Führerschein machen / .
   ....

5. Wir / können / zusammen kochen – eine Pizza bestellen / .
   ....

6. Um abzunehmen, / ihr / müssen / Sport machen – weniger essen / .
   ....

nach 3

3 Worträtsel – Hier können Sie zehn Wörter zum Thema *Staat und Einbürgerung* finden.

~~bentagraen~~   Stabrüetasgr/in   Anlstfmuorgraar   Autralblenahfusetnis   Geschaselflt

unrtfsbieet   Whleacrht   Stsaniggeaathörkeit   Inkartrenguiotss   Bürüebrrgo

beantragen

4 Forumsbeiträge – Welche Anfänge passen?

Du solltest unbedingt etwas darüber schreiben,

Es ist völlig egal, was du schreibst,

~~Hallo, Leute, ich bin aus Syrien~~

Einen formellen Brief fängt man am besten so an:

Schreib doch etwas

(1)
Hallo Leute, ich bin aus Syrien
und lebe jetzt seit zwei Jahren in Deutschland. Demnächst ist mein Sprachkurs zu Ende und ich möchte mich dann für einen Ausbildungsplatz in einem Hotel bewerben. Aber ich weiß nicht so recht, was ich im Bewerbungsschreiben scheiben soll.

(2)
Sehr geehrte Damen und Herren ...

(3)
über die Gründe, warum du hier bist und warum du gerne in Deutschland bleiben möchtest.

(4)
was deine momentane Situation ist.

(5)
solange dein Brief nicht zu lang ist und die wichtigsten Informationen über dich enthält.

nach 4

5 Wie heißen die Verben zu diesen Nomen?

1. der Antrag	*beantragen*	6. der Gruß	....
2. die Antwort	....	7. die Hilfe	....
3. der Dank	....	8. die Vertretung	....
4. die Einbürgerung	....	9. die Übersetzung	....
5. die Bitte	....	10. die Lösung	....

6 Ergänzen Sie den Brief mit Nomen oder Verben aus 5.

Liebe Kolleginnen und Kollegen,

heute habe ich eine große (1) __Bitte__ an euch. Nächste Woche am Mittwoch habe ich einen

Termin wegen meiner (2) .... Das ist für mich sehr wichtig.

Nach Plan müsste ich an diesem Tag von 12 bis 20 Uhr arbeiten. Mein Termin ist um 16 Uhr.

Kann mich in dieser Zeit jemand (3) ....? Hoffentlich könnt ihr

mir (4) ...., mein Problem zu (5) ....

Bitte gebt mir so schnell wie möglich eine (6) ....

Ich (7) .... euch schon im Voraus für eure (8) ....

Liebe Grüße

Tamara

7 Unterlagen – Ordnen Sie zu.

Wohnungs- Mietvertrag

Beurkundung

CERTIDÃO DE NASCIMENTO

1. Arbeitnehmer und Arbeitgeber unterschreiben zusammen den Arbeitsvertrag,

2. Um als Immigrant/in in Deutschland arbeiten zu können,

3. Wenn man eine Wohnung mietet,

4. Das deutsche Grundgesetz beschreibt

5. Hausbesitzer wollen meistens einen Einkommensnachweis sehen/haben,

6. Ein wichtiges Dokument ist die Geburtsurkunde,

a) bevor sie eine Wohnung vermieten.

b) braucht man eine Aufenthaltserlaubnis.

c) dann sollte man den Mietvertrag sehr genau lesen.

d) der die Aufgaben, das Gehalt und die Arbeitszeiten regelt.

e) die sagt, wann und wo man geboren ist.

f) die wichtigsten Rechte und Pflichten der Staatsbürger/innen.

8 Ergänzen Sie die Konjunktionen: *sowohl ... als auch, entweder ... oder, weder ... noch.*

1. Luis lebt _____*sowohl*_____ in Brasilien _____ in Deutschland, mal da, mal dort.

2. Sara will _____ in Deutschland bleiben _____ in ihre Heimat zurückgehen. Sie will in den USA leben.

3. Tom macht _____ bald eine Ausbildung _____ er fängt an zu studieren.

4. Khalil kann alles. Er ist _____ ein guter Musiker _____ ein Superkoch.

5. Nächstes Jahr werde ich _____ umziehen _____ die Wohnung renovieren.

6. Mein Sohn hilft mir _____ im Haushalt _____ im Garten. Das ist nicht o.k.

9 Partizip I als Adjektiv – Ergänzen Sie die Sätze. Welcher Satz passt zu welchem Bild?

1. Ich schaue am Morgen in den Spiegel. Wem gehört denn das schlafen__de__ Gesicht, das ich sehe?

2. Wer ist denn dieser gut aussehen_____ Mann da drüben?

3. Kochen_____ Männer sind heute keine Seltenheit mehr.

4. Ich möchte einmal mit einem funktionieren_____ Kopierer arbeiten.

5. Sie dürfen hier nicht mit laufen_____ Motor stehen. Machen Sie ihn bitte aus.

10 Partizip II als Adjektiv – Ergänzen Sie in den Text.

~~ausgebildeter~~   besuchten   gelernten   gewünschten

befristeten   vereinbarte

Emmo war in seiner Heimat ein (1) ... *ausgebildeter* ... Buchhalter,

aber in Deutschland kann er in seinem (2) ....

Beruf nicht arbeiten. Momentan bekommt er auch noch nicht den

(3) .... Ausbildungsplatz, weil er zuerst seine

Sprachprüfung machen muss. Deshalb arbeitet er in einem Imbiss. Er hat einen auf sechs Monate

(4) .... Vertrag. Leider wird dort die (5) .... Arbeitszeit oft

nicht eingehalten. Emmo muss Überstunden machen. Trotzdem hat er sich mit den Bescheinigungen über

die von ihm (6) .... Sprachkurse schon auf verschiedene Ausbildungsplätze beworben.

11 Welches Verb passt nicht? Streichen Sie es durch.

1. die Einbürgerung   wollen • beantragen • ~~kündigen~~ • ablehnen

2. einen Ausweis   zeigen • ansehen • beantragen • bestehen

3. eine Stelle   besuchen • haben • suchen • kündigen

4. einen Sprachkurs   machen • besuchen • mitbringen • abschließen

5. die Unterlagen   suchen • prüfen • vergessen • machen

6. Erfolge   haben • genießen • feiern • kaufen

7. den Führerschein   machen • haben • verlieren • besuchen

8. eine Probezeit   zeigen • bestehen • haben • bekommen

12 Ergänzen Sie.

ein Zeichen für   einen Pass ausstellen   in Frieden und Freiheit

Erfahrungen gemacht   ~~im Original~~   nahmen ... entgegen   geprägt von   vor dem Gesetz

1. Die Beamtin wollten meine Geburtsurkunde ... *im Original* ... sehen.

2. Die Migrannten und Migrantinnen .... die Urkunden

   ....

3. Die Einbürgerung ist .... eine gelungene Integration.

4. Alle Menschen sind .... gleich.

5. Die Zuwanderer haben in den letzen Jahren viele positive und negative ....

6. Deutschland war schon immer .... Einwanderung und Auswanderung.

7. Wenn du die Einbürgerung hast, dann kannst du dir .... lassen.

8. Das Wichtigste ist, dass man in einem Land .... leben kann.

Ihr Wortschatz

Nomen

das Anliegen, – ....
das Gesetz, -e ....

die Ansprache, -n ....
das Gesicht, -er ....

das Antragsformular, -e ....
die Kopie, -ien ....

der Ausländer, – ....
der Kopierer, – ....

die Ausländerin, -nen ....
die Kriminalpolizei (Sg.) ....

die Ausnahme, -n ....
der Migrant, -en ....

die Auswanderung (Sg.) ....
die Migrantin, -nen ....

die Demokratie, -ien ....
die Nation, -en ....

die Einbürgerungs-urkunde, -n ....
die Nordsee (Sg.) ....

die Einwanderung, – ....
die Probezeit, -en ....

der EU-Bürger, – ....
die Rückmeldung, -en ....

die EU-Bürgerin, -nen ....
der Staat, -en ....

die Freiheit, -en ....
der Stift, -e ....

der Frieden (Sg.) ....
das Wahlrecht (Sg.) ....

die Geburtsurkunde, -n ....
das Zeichen, – ....

Verben

abstimmen ....
einbürgern ....

ausbilden ....
gelingen ....

befristen ....
herausfinden ....

besitzen ....
(sich etwas) überlegen ....

Adjektive

befristet/unbefristet ....
humorvoll/humorlos ....

englischsprachig/deutschsprachig ....
legal/illegal ....

musikalisch/unmusikalisch ....

eindeutig ....

fest ....
völlig ....

Andere Wörter

eigentlich ....
pro … kontra ....

entweder … oder ....
solange ....

normalerweise ....
sowohl … als auch ....

jetzt oder nie ....
weder … noch ....

13 Ergänzen Sie Nomen aus „Ihr Wortschatz".

1. Ich lese deinen Text heute noch durch und gebe dir morgen _Rückmeldung_ .

2. In Deutschland sind alle Bürger vor dem .... gleich.

3. Alle Bürger/innen über 18 Jahre mit deutschem Pass haben das ....

4. Bei einem neuen Job hat man oft am Anfang einige Monate ....

14 Ergänzen Sie die Verben oder Adjektive aus „Ihr Wortschatz".

1. Mein Job war zuerst auf drei Monate _befristet_ , jetzt ist er ....

2. Meine Chefin ist sehr ...., und sie erzählt gerne Witze.

3. Filme aus dem Internet herunterladen ist ...., wenn man nicht dafür bezahlt.

4. Ich würde so gerne Klavier spielen, aber leider bin ich ....

15 Für Ihren Alltag – Schreiben Sie in Ihrer Sprache.

Wir können entweder ins Kino gehen oder fernsehen. ....

Ich habe weder meinen Führerschein noch meinen Ausweis dabei. ....

Entweder jetzt oder nie. ....

Sie spricht sowohl Englisch als auch Deutsch. ....

Das kann ich mir gut/nicht vorstellen. ....

Ich habe mir das lange überlegt. ....

Ich möchte auf Dauer hier leben. ....

Ich möchte die Einbürgerung beantragen. ....

Ich möchte mich einbürgern lassen. ....

Kannst du mich am Freitag vertreten? ....

Ich fürchte, am Freitag kann ich nicht. ....

Wenn du wüsstest, wie viel Arbeit ich habe! ....

Wenn es unbedingt sein muss, dann helfe ich dir. ....

16 Ihre Wörter und Sätze – Schreiben Sie.

Ihre Sprache: Deutsch:

....

....

....

....

17 Ihr Text – Einbürgerung: Vorteile und Nachteile. 🖊 **Machen Sie eine Tabelle.**

Vorteile	Nachteile
Ich darf wählen.	Meine Eltern ...

Lösungen

Kapitel 1

1a 1. die Küche, die Küchen; 2. das Bad, die Bäder; 3. der Flur, die Flure; 4. das Wohnzimmer, die Wohnzimmer; 5. das Schlafzimmer, die Schlafzimmer; 6. das Kinderzimmer, die Kinderzimmer; 7. das Arbeitszimmer, die Arbeitszimmer; 8. der Keller, die Keller

1b *die Küche:* das Geschirr; der Kühlschrank; die Spülmaschine; das Besteck; die Lampe; *das Bad:* die Dusche; die Lampe; der Spiegel; *der Flur:* das Regal; die Lampe; die Vase; der Spiegel; *das Wohnzimmer:* das Regal; das Sofa; die Lampe; die Vase; *das Schlafzimmer:* das Regal, die Lampe; *das Kinderzimmer:* der Schreibtisch; die Lampe; das Regal, das Sofa; *das Arbeits-zimmer:* der Schreibtisch; das Regal; die Lampe; *der Keller:* das Regal; die Lampe

2 (2) Rasen; (3) gießt; (4) Briefkasten; (5) Staub; (6) lacht; (7) Ruhe

3a 1. die Wand; 2. die Garage; 3. die Mülltonne; 4. die Blume; 5. die Katze; 6. das Fahrrad; 7. der Liegestuhl; 8. der Hund; 9. die Tür; 10. der Baum; 11. das Fenster; 12. das Dach; 13. der Balkon

3b 2. neben; 3. in; 4. neben; 5. unter; 6. auf

3c 2. Der Hund geht ins Haus. 3. Herr Döring stellt den Liegestuhl in die Garage. 4. Die Tochter legt ihr Buch ins Regal. 5. Frau Döring setzt sich vor den Fernseher. 6. Herr Döring stellt das Geschirr auf den Küchentisch.

3d 2. Der Hund ist im Haus. 3. Der Liegestuhl steht in der Garage. 4. Das Buch liegt im Regal. 5. Frau Döring sitzt vor dem Fernseher. 6. Das Geschirr steht auf dem Küchentisch.

4a 2. Würdest du gleich den Müll zur Mülltonne ~~füttern~~ → bringen? 3. Kannst du vielleicht morgen mein Paket ~~leeren~~ → annehmen? 4. ~~Gießt~~ → Kaufst du bitte später einen Liter Milch? 5. Könntet ihr gleich Brot vom Super-markt ~~annehmen~~ → mitbringen? 6. Würden Sie im August meinen Briefkasten ~~bringen~~ → leeren? 7. Können Sie bitte am Wochenende meine Blumen ~~mitbringen~~ → gießen? 8. Würdet ihr am Dienstag meine Katze ~~kaufen~~ → füttern?

4b waren, heute, schon, als, bei, geklingelt, Ich, eine, Ich, über, Wochenende, Könnten, bitte, Blumen, meinem, gießen, meinen, leeren, Schlüssel, Sie, Herzlichen, viele

hatte, einen, und, nicht, Kannst, mir, bisschen, und, dem, spazieren, Ich, auch, ein, Sachen, dem, Und, kannst, vielleicht, gleich, meinen, zur, bringen, und, gleich

5 2. verboten; 3. Lärm; 4. Mitbewohner; 5. Spielplatz; 6. abschließen; 7. trennen

6 2. Ich möchte aber bald anfangen, regelmäßig Sport zu machen. 3. Mein Freund hat mir versprochen, mit mir in eine Volleyballgruppe zu gehen. 4. Es ist nicht notwendig, jeden Tag zu trainieren. 5. Es macht Spaß, mit anderen zusammen Sport zu machen. 6. Ich habe keine Lust, nur mit Männern zusammen zu trainieren. 7. Ich finde es schön, zusammen mit Frauen zu spielen. 8. So ist es auch einfacher, neue Freundinnen zu finden. 9. Es ist wichtig, immer wieder neue Leute kennenzulernen.

7 2. Er macht sowohl die Gartenarbeit als auch den Winterdienst. 3. Er schneidet sowohl die Bäume als auch die Sträucher. 4. Er ist sowohl für die Sauberkeit als auch bei Störungen zuständig. 5. Er reinigt sowohl den Hof als auch die Flure. 6. Zu Weihnachten bekommt er von allen Hausbewohnern sowohl eine Karte als auch ein Geschenk.

8 (2) Lärm; (3) Mieten; (4) Nähe; (5) Gaststätte; (6) Neuigkeiten

9 (2) angenommen; (3) einziehen; (4) lassen; (5) leihen; (6) kling(e)le; (7) grüßt

Kapitel 2

1 1. (2) Bäcker; (3) Ecke; (4) Laden; (5) Apfelkuchen; (6) gekauft; (7) ganz frisch; 2. (1) nach Hause; (2) einkaufen; (3) Feiertag; (4) Supermarkt; (5) alles; (6) brauche; (7) Moment; (8) brauche; 3. (1) Drucker; (2) bestellt; (3) Stunde; (4) Bestel-lung; (5) liefern; (6) Sachen; (7) gesagt; (8) alles; (9) kommt

2 1. Ich habe wenig Zeit, deshalb kaufe ich am liebsten online ein. 2. Obst und Gemüse kaufe ich auf dem Markt, weil da alles frisch ist. 3. Kleidung kaufe ich im Geschäft, denn ich brauche Beratung. 4. Ich habe immer im Supermarkt eingekauft, bevor ich FOOD-ONLINE entdeckt habe. 5. Wir machen einmal pro Woche einen großen Einkauf, wenn wir beide Zeit haben. 6. Brot kaufen wir beim Bäcker um die Ecke, weil es da am besten ist.

3 Stunden, einkaufen, wählt, Internet, dem, aus, gibt, wann, die, liefern, Stunden, ist, Bestellung, Haus, spart, Zeit, Kosten, die, zum, Einkäufe, einem, von, kostenlos

4a *Akkusativ: mich*; dich; sich; *Dativ: mir; dir;* sich; *Akkusativ:* uns, euch, sich; *Dativ:* uns, euch, sich

4b 1. mir; mich; 2. dir; dir; 3. sich; 4. uns; 5. uns; 6. dich; dir; 7. mir; mich; 8. dich; dich

5 2. bestellt; 3. angekommen; funktioniert; 4. gefällt; umtauschen/zurückschicken; 5. zurückschicken/umtauschen; 6. reparieren

6 2. Ich habe kein Klopapier bestellt, sondern Servietten. 3. Das ist kein Wiener Schnitzel, sondern ein Schweineschnitzel. 4. Ich möchte die Hose nicht umtauschen, sondern will mein Geld zurück. 5. Ich habe kein Zimmer zur Straße bestellt, sondern ein Zimmer nach hinten. 6. Wir können Ihnen die Ware morgen nicht liefern, sondern erst nächste Woche. 7. Ich habe nicht meinen Schlüssel verloren, sondern meinen Ausweis. 8. Ich bezahle die Rechnung nicht heute, sondern morgen.

7 2. Das Papier, das im Drucker ist, ist weiß. 3. Die Lieferung, die gestern angekommen ist, ist falsch. 4. Der Drucker, der im Keller steht, ist kaputt. 5. Das Paket, das heute angekommen ist, sollte vor einer Woche da sein. 6. Der Angestellte, der mich beraten sollte, hatte keine Ahnung. 7. Das Fest, das morgen stattfindet, wird bestimmt sehr schön. 8. Der Ausflug, der nach Passau ging, war sehr interessant.

8 2. d); 3. f); 4. a); 5. g); 6. e); 7. h); 8. c)

9 1. (2) eilig; (3) haben; (4) gehen; (5) vor; 2. (1) dran; (2) Moment; (3) warte; (4) länger; (5) leid; (6) vor; 3. (1) bisschen; (2) danke; (3) möchte; (4) Gramm

10 2. bezahlen; 3. schonen; 4. ernten; 5. findet; 6. genießen; 7. beraten

11 2. Gewicht; 3. Sonderangebot; 4. Saison; 5. Mehl; 6. Metzgerei; 7. Lieferung; Kundennummer; 8. Mahnung

12 1. berechnen; 2. überweisen; 3. umtauschen; 4. garantieren

Kapitel 3

1a (2) den; (3) den; (4) die; (5) die; (6) das; (7) die; (8) den; (9) das

1b (2) melden; (3) Kamera; (4) Boden; (5) Monate; (6) Euro; (7) Anbei; (8) Quittung; (9) erstatten; (10) Rückfragen; (11) Dank; (12) freundlichen; (13) Versicherungsnummer

1c 2. ~~der Rechtstreit~~; 3. ~~das Haustier~~

2 2. d); 3. f); 4. c); 5. a); 6. b)

3 2. Was kostet die Versicherung ungefähr im Jahr für zwei Erwachsene und ein Kind? 3. Und was bezahlt die Versicherung dann? 4. Wie funktioniert das dann mit der Bezahlung? 5. Wann kann man die Versicherung kündigen? 6. Können Sie mir bitte noch einmal genau sagen, was diese Versicherung kostet?

4a 2. ~~beantragen~~; 3. ~~überweisen~~; 4. ~~speichern~~; 5. ~~kaufen~~

4b (2) Dauerauftrag; (3) automatisch; (4) EC-Karte; (5) Geldautomaten; (6) Bargeld; (7) überweisen; (8) Post; (9) Kreditkarte; (10) Bank

5 (2) Ihrer; (3) unserer; (4) des

6a (2) obwohl; (3) weil; (4) Obwohl; (5) weil; (6) obwohl

6b 2. Ich habe lange auf meinen Internetanschluss gewartet, obwohl ich ihn sofort beantragt habe. Obwohl ich meinen Internetanschluss sofort beantragt habe, habe ich lange auf ihn gewartet. 3. Ich habe schnell Freunde gefunden, obwohl ich am Anfang hier niemanden gekannt habe. Obwohl ich am Anfang hier niemanden gekannt habe, habe ich schnell Freunde gefunden. 4. Ich besuche oft meine Familie, obwohl ich wenig Geld habe. Obwohl ich wenig Geld habe, besuche ich oft meine Familie.

7 Reise: die Online-Buchung, die Ferienwohnung, das Ticket; **Finanzen:** das Girokonto, das Online-Banking, die Kreditkarte/n; **Versicherung:** die Selbstbeteiligung, der Rechtsschutz, der Schaden; **Ernährung:** die Babynahrung, Pommes frites; gesundes Essen

8 (2) Broschüre; (3) Einbrecher; (4) Bargeld; (5) Kreditkarte; (6) Zeitpunkt; (7) Schaden

9 2. akzeptieren; 3. abhebt; 4. aufnehmen; 5. sperren

Kapitel 4

1 2. die Butter; 3. der Schinken; 4. die Kartoffeln; 5. das Brot; 6. die Wurst; 7. die Nudeln; 8. das Fleisch; 9. das Mehl; 10. der Salat

2a (2) konnte; (3) durften; (4) mussten; (5) war; (6) hatten; (7) musste; (8) wollten; (9) konnte

2b 2. du wolltest; 3. wir waren; 4. ihr hattet; 5. er durfte; 6. Sie sollten; 7. sie konnte/n; 8. du musstest; 9. wir konnten; 10. ihr wart

3 2. erzählen – hat erzählt; 3. sagte; 4. brauchen – brauchte; 5. hat gemacht; 6. gehen; 7. hat geholfen; 8. aß; 9. sprechen – hat gesprochen; 10. bleiben – blieb

4 (2) machten; (3) wanderten; (4) fuhren; (5) aßen; (6) machten; (7) war; (8) gab; (9) hatten; (10) schmeckte

5 Am Samstag wollten wir grillen. Wir gingen in den Supermarkt. Dort kauften wir Fleisch, Wurst, Brot und Salat ein. Um 17 Uhr trafen wir uns im Park. Zuerst spielten wir Fußball und Frisbee. Dann aßen wir zusammen. Um 21 Uhr waren alle satt. Sehr lange blieben wir im Park und unterhielten uns. Wir hatten einen sehr schönen Abend.

6 (2) Getränke; (3) Tisch; (4) Vorspeise; (5) lecker; (6) Rezept; (7) genug; (8) satt; (9) Braten; (10) Nachspeise; (11) schmeckt; (12) Köche

7 2. a); 3. f); 4. b); 5. e); 6. d); 7. g)

7b 2. Es war auch ein bisschen kalt, deshalb haben wir warme Kleidung angezogen. 3. Nach ein paar Stunden hat es stark geregnet, deshalb sind wir in ein Restaurant gegangen. 4. Die Küche war eigentlich geschlossen, trotzdem hat der Koch einen Imbiss für uns zubereitet. 5. Der Kellner war sehr freundlich, deshalb haben wir ihm ein gutes Trinkgeld gegeben. 6. Abends war ich sehr müde, trotzdem habe ich noch Deutsch gelernt.

8 Essen; haben; Mahlzeiten; sind; von; gesagt; das; wichtig; ein; uns; oder; schnell; Kaffee; oder; dem; Mit; ist; ähnlich; Drittel; sie; nur; Abend; machen; Sport; Freunde; ist; aber; denn; hat; für; Mahlzeit; Familie; finden; aber; nur; Sandwich; Salat; nicht; haben; von; dass; alles; unserer

9 2. Essen Sie mehr Obst und Gemüse! 3. Esst abends nicht so viel! 4. Nimm weniger Zucker! 5. Trinkt viel Wasser! 6. Achten Sie auf eine abwechslungsreiche Ernährung! 7. Waschen Sie Obst und Gemüse immer gut! 8. Vergiss auch nicht, Sport zu machen!

10a 2. Meine Präsentation hat drei Teile. 3. Zuerst spreche ich über die Situation hier in Deutschland. 4. Dann möchte ich über die Situation in meinem Heimatland berichten. 5. Ich nenne auch ein paar Beispiele. 6. Anschließend möchte ich über Vor- und Nachteile von Bio-Lebensmitteln sprechen. 7. Zum Schluss können Sie mir gerne Fragen stellen. 8. Nun komme ich zum ersten Punkt.

10b 2. a); 3. f); 4. b); 5. d); 6. c)

11 (2) Lieblingsspeise; (3) Teilnehmer; (4) Rezept; (5) Bedeutung; (6) Gewürzen; (7) spannend

12 (2) abnehmen; (3) ändern; (4) zubereitet; (5) teilgenommen; (6) verbessert

Kapitel 5

1 (2) Ausbildung; (3) ersten Arbeitstag; (4) wie immer; (5) du sagst es; (6) Besprechung; (7) zu spät; (8) schick angezogen; (9) komisch angeschaut; (10) Wie peinlich; (11) schlecht; (12) eine Viertelstunde; (13) Erfahrung; (14) eingeladen; (15) pünktlich

2 (1) In meiner Familie spricht man viele Sprachen. (2) In der Schule habe ich Englisch und ein bisschen Französisch gelernt. (3) Deshalb spreche ich auch ein bisschen Igbo. (4) Seit vier Monaten lerne ich in einem Intensivkurs Deutsch.

3 2. c); 3. e); 4. f); 5. h); 6. b); 7. a); 8. d)

4 2. Du wirst die Prüfung sicher bestehen. 3. Wir werden vermutlich einen Intensivkurs machen. 4. Ihr werdet bald eure deutschen Nachbarn verstehen. 5. Sie werden ab heute deutsches Fernsehen sehen. 6. Zelica wird schnell eine Arbeit finden.

5 ich; den; kann; mich; etwas; verstehe; hat; wenn; Seitdem; arbeite; das; vor; Woche; mein; Vorstellungsgespräch; Ich; ängstlich; bis; Reihe; Alle; sehr; freundlich; Gespräch; hat; Nervosität; weg

6a 2. Seit mein Freund den Deutschkurs besucht, kann er schon viel mehr verstehen. 3. Bis Harkan ein Motorrad kaufen kann, muss er noch viel Geld verdienen. 4. Seitdem Mariam ein Motorrad hat, fährt sie damit immer zur Arbeit. 5. Bis wir unsere Traumwohnung finden, wird es noch eine Zeit lang dauern. 6. Seitdem ich eine neue Wohnung habe, bin ich gerne zu Hause.

6b 2. Bis Sefika ihn in die Lerngruppe eingeladen hat, hat Rio das Lernen nie Spaß gemacht. 3. Wir haben viele neue Wörter gelernt, seit wir regelmäßig Zeitung lesen. 4. Seit Xenia regelmäßig Filme im Fernsehen sieht, versteht sie immer besser Deutsch. 5. Es wird noch ein wenig dauern, bis ich ein Vorstellungsgespräch auf Deutsch führen kann. 6. Mein Bruder ist total glücklich, seit er seinen Deutschkurs erfolgreich beendet hat.

7 (2) kritisieren; (3) toll; (4) Fehler; (5) ansprechen; (6) üblich; (7) Kritik; (8) Respekt; (9) Ordnung; (10) zufrieden

8 2. d) Das kann doch jedem passieren. 3. c) Jeder macht mal einen Fehler. 4. a) Keine Panik. 5. b) Mach dir bloß keine Sorgen.

9a *Präsens:* du musst; er/es/sie/man muss; wir müssen; ihr müsst; sie/Sie müssen
Präteritum: ich musste; er/es/sie/man musste; wir mussten; ihr musstet; sie/Sie mussten
Konjunktiv II: ich müsste; du müsstest; wir müssten; ihr müsstet; sie/Sie müssten

9b 1. Probier doch mal, mit deinem Chef direkt zu sprechen. 2. Wenn ich dir einen Rat geben darf: Mach dir nicht so viele Sorgen. 3. An deiner Stelle würde ich zuerst mit den Kollegen sprechen. 4. Du solltest dir überlegen, wie du dich bei deinem Chef entschuldigen kannst. 5. Du könntest versuchen, dir einen neuen Job zu suchen.

10 (2) Büfett; (3) kennengelernt; (4) unterhalten; (5) merkwürdig; (6) beleidigt; (7) Kultur; (8) Politik; (9) tabu; (10) Öffentlichkeit; (11) über; (12) verdient

11 2. Witz; 3. Herausforderung; 4. Voraussetzung; 5. Sorgen; 6. Distanz; 7. Panik

12 2. ~~beweisen~~; 3. ~~anstrengen~~; 4. ~~amüsieren~~

Kapitel 6

1a die Versichertenkarte; stürzen; die Wunde; reinigen; nähen; allergisch; die Verletzung; gebrochen; das Röntgenbild; die Untersuchung; die Schmerzen; das Medikament; die Spritze; wehtun

1b (2) tut weh; (3) gebrochen; (4) Röntgenbild; (5) Verletzungen; (6) Wunde; (7) reinige; (8) nähen; (9) Schmerzen; (10) Spritze; (11) allergisch

2 bitte, Name, Hier, einen, ist, Unfall, passiert, der, vor, Supermarkt, Was, genau, Radfahrer, gestürzt, liegt, Boden, blutet, Kopf, ansprechbar, leider, Hat, noch, Verletzungen, ich, nicht, schicken, einen

3 *Geburtsdatum:* 24.12.1995
Krankenversicherung: angestellt
Name der Versicherung: TK
Arbeitgeber: K&L Dienstleistungen
Unfall am: 7.7., *Uhrzeit:* 14.30
Unfallort: Müllerstraße 34, München
Unfallart: Arbeitsunfall
Medikamente: Schmerzmittel
Einnahme wie oft: ab und zu
Allergien, Unverträglichkeiten: Milchprodukte
frühere Operationen: 2014 am Kopf

4a 2. Die Ärztin macht ein Röntgenbild, damit sie sieht, ob etwas gebrochen ist. 3. Cem bekommt Tabletten, damit die Schmerzen weggehen. 4. Er muss eine Woche zu Hause bleiben, damit er wieder gesund wird. 5. Er ruft seine Arbeitgeberin an, damit sie Bescheid weiß.

4b 2. Ich lerne Deutsch, damit ich hier besser Arbeit finden kann. Ich lerne Deutsch, um hier besser Arbeit finden zu können. 3. Ich suche einen neuen Job, damit ich interessantere Aufgaben bekomme. Ich suche einen neuen Job, um interessantere Aufgaben zu bekommen. 4. Ich lade meine neue Nachbarin ein, damit ich sie kennenlerne. Ich lade meine neue Nachbarin ein, um sie kennenzulernen. 5. Ich möchte mehr Sport machen, damit ich fitter werde. Ich möchte mehr Sport machen, um fitter zu werden.

5a (2) uns; (3) mich; (4) mich; (5) sich; (6) mich; (7) mir; (8) dir; (9) dich

5b Dialog 1
● Was fehlt Ihnen denn?
○ Gestern habe ich mir den Arm gebrochen. / Ich habe mir gestern den Arm gebrochen. Und ich habe Angst vor der Operation.
● Ich kann das gut verstehen. / Das kann ich gut verstehen.

Dialog 2
● Wie fühlen Sie sich denn heute?
○ Ich bin heute ein bisschen schwach. / Heute bin ich ein bisschen schwach. Und ich habe Angst, dass ich noch lange hier bleiben muss.
● Das tut mir leid. Haben Sie Schmerzen?
○ Nein, ich habe vor einer Stunde eine Tablette genommen.

6a 2. Ich schlafe nicht nur im Krankenhaus, sondern auch zu Hause schlecht. 3. Ich arbeite nicht nur am Donnerstag, sondern auch am Freitag. 4. Ich freue mich nicht nur auf das Wochenende, sondern auch auf den Urlaub.

6b 2. Ich schlafe sowohl im Krankenhaus als auch zu Hause schlecht. 3. Ich arbeite sowohl am Donnerstag als auch am Freitag. 4. Ich freue mich sowohl auf das Wochenende als auch auf den Urlaub.

6c 1. i), j); 2. g), i); 3. e); 4. c), d), h), j); 5. i); 6. f); 7. h); 8. b); 9. a), g), i); 10. d)

7 2. Wir müssen die Hand röntgen. 3. Ja, super süß, oder? 4. Seit ein paar Wochen. 5. Ja, Kaffee immer gerne! 6. Gleich links neben der Cafeteria ist ein kleiner Laden.

8 *Körperteile:* Magen; Schulter
das bekommen Patienten: Allergie, Appetit, Diät, Entzündung, Gips, Impfung, Medizin, Narkose, Schlafmittel; Schmerz, Spritze
Berufe im Gesundheits- und Pflegebereich: Altenpfleger, Altenpflegerin, Arzthelfer, Arzthelferin, Physiotherapeut, Physiotherapeutin; *wichtige Dokumente:* Impfpass, Versichertenkarte

9 (2) verletzt; (3) wehgetan; (4) geblutet; (5) versorgt; (6) operieren;

Kapitel 7

1a das Altglas (nur Sg.); die Pfandflasche, die Pfandflaschen; die Plastiktüte, die Plastiktüten; die Energie, die Energien; die Stofftasche, die Stofftaschen; der Umweltschutz (nur Sg.); die Verpackung, die Verpackungen

1b 2. Energie; 3. Stofftasche; 4. Pfandflaschen; 5. Verpackung; 6. Plastiktüten; 7. Umweltschutz

2 2. Zieh den Stecker immer aus der Steckdose! Zieht den Stecker immer aus der Steckdose! 3. Verzichte auf ein Vollbad und dusch lieber! Verzichtet auf ein Vollbad und duscht lieber! 4. Wähle ein Waschprogramm ohne Vorwäsche! Wählt ein Waschprogramm ohne Vorwäsche! 5. Schalte immer das Licht aus! Schaltet immer das Licht aus! 6. Zieh lieber einen dicken Pullover an als viel zu heizen! Zieht lieber dicke Pullover an als viel zu heizen!

3a 2. Ich sehe das anders. (w); 3. Man darf nicht vergessen, … (a); 4. Damit bin ich einverstanden. (z); 5. Das kann jeder behaupten. (w); 6. So einfach ist das nicht. (w); 7. Hier muss ich widersprechen. (w); 8. Da stimme ich dir zu. (z)

3b (2) stimme; (3) einfach; (4) sehe; (5) recht; (6) widersprechen

4 1. Bauer; 2. Stall; 3. Kuh; 4. Getreide; 5. Gras; 6. Ernte; 7. Huhn; 8. Saisonarbeiter; 9. Frucht

5a (2) gewaschen; (3) geschnitten; (4) gemischt; (5) dazugegeben; (6) gebacken; (7) gegessen

5b 1. Die Rinder werden gefüttert. Das Getreide wird angebaut. Obst und Gemüse werden geerntet. 2. Das Brot wird gebacken. Der Laden wird morgens aufgeschlossen. Die Kunden werden bedient. 3. Die Ware wird eingekauft. Die Kunden werden beraten. Die Ware wird verkauft.

6a 2. f); 3. d); 4. a); 5. b); 6. e)

7 2. ~~der Bleistift~~; 3. ~~der Stoff~~; 4. ~~die Alternative~~; 5. ~~wegwerfen~~; 6. ~~schützen~~

8 2. sinnlos, schmutzig; 3. aufheben, bringt; 4. mitmachen; 5. Aktion, engagieren; 6. anfangen

9a 2. das Feuer; 3. die Pflanze; 4. der Wissenschaftler; 5. die Mücken; 6. der Wald; 7. die Wiese

9c Man, für, und, der, ist, interessant, persönlich, aber, finde, wichtig, lebe, der, möchte, Regen, Wald, von, werden

10 *Land und Natur:* der Bauer, die Bäuerin, die Biene, die Erde, das Gras, der Hof, das Insekt, das Klima, die Kuh, die Mücke, das Rind, die Wiese, blühen, wachsen
Stadt und Wohnung: die Großstadt, das Labor, die Steckdose, der Stecker, die Umweltverschmutzung, der Wissenschaftler, die Wissenschaftlerin,

11 2. transportieren; 3. schützen; 4. heizen; 5. verzichten; 6. wächst; 7. blühen; 8. behauptet

Kapitel 8

1 (2) Skifahren; (3) Leben; (4) Industriegebiet; (5) weniger; (6) Neues; (7) sehenswert; (8) Museen; (9) Enttäuschung

2 2. über den; 3. für den; 4. von einer; 5. vor dem; 6. auf einen; 7. auf eine

3a 2. Wovor hat sie Angst? 3. Wovon hat er geträumt? 4. Worauf habt ihr Lust? 5. Worüber haben sie gesprochen? 6. Worüber hat sie sich gefreut?

3b 2. g); 3. b); 4. h); 5. a); 6. f); 7. d); 8. c)

4 2. total schlecht; 3. total gerne; 4. echt langweilig; 5. super schlecht

5a B7; C4; D8; E1; F6; G3; H5

5b 2. Woran; 3. Für wen; 4. Worüber; 5. Auf wen; 6. Wofür; 7. Von wem; 8. Über wen

6

der Opa	die Oma
der Großvater	*die Großmutter*
der Vater	*die Mutter*
der Sohn	die Tochter
der Bruder	die Schwester
der Enkel	*die Enkelin*
der Onkel	die Tante
der Cousin	die Cousine
der Schwager	*die Schwägerin*
der Neffe	*die Nichte*

7a 1. die Ketchups; 2. die Süßigkeit, die Süßigkeiten; 3. der Kaugummi, die Kaugummis; 4. die Batterie, die Batterien; 5. die Zigarette, die Zigaretten; 6. das Feuerzeug, die Feuerzeuge; 7. die Briefmarke, die Briefmarken; 8. der Kaffee, die Kaffees

7b nur, Bier, Ketchup, Mayonnaise, Briefmarken, Zigaretten, Feuerzeug, natürlich, jeden, neuesten, macht, kurz, auf, sechs, ersten, Kunden, persönlich, ist, Zeit, kurzes, der, die, und, Schulhefte, Der, nicht, Laden, ein, erfährt, die, von, immer, Konkurrenz

8a Dialog 1: (2) Idee; (3) finde; (4) so gut; (5) andere; (6) könnten; Dialog 2: (1) Lust auf; (2) könnten; (3) Dafür; (4) überhaupt; (5) lasst uns; (6) echt; (7) gibt es; (8) Lasst uns; Dialog 3: (1) haltet; (2) besichtigen; (3) Darauf; (4) große Lust; (5) Davon; (6) Lasst uns; (7) ziemlich

8b 1. Was hältst du davon, wenn wir am Samstag zusammen kochen? 2. Ich schlage vor, dass wir mal wieder gemeinsam einen Ausflug machen. 3. Lass uns doch nächstes Wochenende ins Kino gehen. 4. Wenn ich Urlaub bekomme, könnten wir an Ostern ein paar Tage wegfahren. 5. Ich würde gerne ans Mittelmeer fahren, weil ich das Wetter hier furchtbar finde. 6. Was haltet ihr davon, wenn wir eine große Party organisieren?

9 *Beispiele:* Batterien; Briefmarken; Feuerzeuge; Kaugummis, Ketchup; Mayonnaise; Pommes mit Ketchup; Schulhefte; Seife; Streichhölzer; Süßigkeiten; Zeitschriften; Zigaretten

10 (2) sehenswertes; (3) langweilig/enttäuschend; (4) faszinierend/sehenswert

1a 2. das Praktikum; 3. die Annonce; 4. die Überstunden; 5. die Werbeagentur; 6. die Tätigkeiten; 7. die Teilzeit; 8. das Gehalt

1b 2. ~~die Bank~~; 3. ~~der Vertrag~~; 4. ~~der Chef~~; 5. ~~der Kiosk~~; 6. ~~die Sekretärin~~; 7. ~~die Arbeitszeit~~; 8. ~~die Teambesprechung~~; 9. ~~der Berufsberater~~

2a 2. Du würdest gerne interessante Aufgaben haben. 3. Er würde gerne mehr Zeit mit der Familie verbringen. 4. Wir würden gerne bei dem neuen Projekt mitarbeiten. 5. Ihr würdet gerne mehr Geld verdienen. 6. Sie würde lieber zu Hause arbeiten.

2b (2) wäre; (3) hätte; (4) Hättest; (5) hätte; (6) hätten; (7) Hättest; (8) würde; (9) würde; (10) wärt; (11) wären

3a 2. wäre; würde; 3. könntest; hättest; 4. würde; hätte; 5. würden; müssten; 6. hättet; könntet; 7. sollte; würde

3b *haben:* du hättest, er/sie/es/man hätte, wir hätten, ihr hättet, sie/Sie hätten; *sein:* ich wäre, du wärst, er/sie/es/man wäre, wir wären, ihr wärt, sie/Sie wären; *werden:* ich würde, du würdest, er/sie/es/man würde, wir würden, ihr würdet, sie/Sie würden; *müssen:* ich müsste, du müsstest, er/sie/es/man müsste, wir müssten, ihr müsstet, sie/Sie müssten; *können:* ich könnte, du könntest, er/sie/es/man könnte, wir könnten, ihr könntet, sie/Sie könnten; *sollen:* ich sollte, du solltest, er/sie/es/man sollte, wir sollten, ihr solltet, sie/Sie sollten

3c 2. Könntest du mir bei der Bewerbung helfen? 3. Du solltest im Lebenslauf schreiben, dass du schon ein Praktikum gemacht hast. 4. Ich würde auch eine Zeugniskopie mitschicken. 5. Du müsstest deine Bewerbung schnell abschicken. 6. Ich hätte diesen Job so gerne! / Ich würde diesen Job so gerne haben! 7. Ich würde so gerne in dieser Firma arbeiten! 8. Wenn ich die Stelle bekommen würde, könnte ich dich oft zum Essen einladen. 9. Wenn ich einen netten Chef hätte, wäre meine Arbeitssituation besser.

4a (2) ab; (3) erfahrene; (4) Bezahlung; (5) Arbeitszeiten; (6) Urlaub; (7) Team; (8) Bewerbungen

4b und, mit, großem, habe, Ihre, der, gelesen, arbeite, seit, Jahren, Bedienung, einem, Café, meinen, bin, sehr, und, kann, stressigen, immer, bleiben, bin, immer, und, gerne, Schichtdienst, meiner, Französisch, ich, gut, und, Englisch, eine, einem, Gespräch, ich, Mit, Grüßen

5a 2. auf; 3. über; 4. über; 5. von; 6. an; 7. auf; 8. um; 9. mit; 10. auf; 11. für

5b 2. Denkst du bitte daran, dass du mir Brot aus Deutschland mitbringst? 3. Du musst dich darauf vorbereiten, dass es hier manchmal sehr kalt ist. 4. Ich kümmere mich darum, dass du einen Platz in meiner WG bekommst. 5. Ich habe schon mit meiner Chefin darüber gesprochen, dass du einen Job brauchst. 6. Ich warte nur noch darauf, dass sie mir endlich Bescheid gibt/geben. 7. Ich ärgere mich ein bisschen darüber, dass das so lange dauert. 8. Ich hoffe darauf, dass es bald klappt.

6 Ich komme aus Afghanistan. Ich bin Elektriker von Beruf. Nach der Schule habe ich bei meinem Onkel in seiner Firma gearbeitet. Vor fünf Jahren bin ich nach Deutschland gekommen. Hier habe ich von 2011 bis 2014 eine Ausbildung zum Elektriker gemacht. Seit einem Jahr arbeite ich in einer kleinen Firma. Ich arbeite momentan nur für Privatkunden. Jetzt würde ich gerne in einem großen Projekt mitarbeiten. Ich bin handwerklich sehr gut und arbeite gerne im Team.

7 (2) Kontakte; (3) Stimmung; (4) Anzeige; (5) Tätigkeiten; (6) EDV-Kenntnisse; (7) Gehalt; (8) Karrierechancen

8 2. die Realität; 3. die Schwäche; 4. selbstständig; 5. unzufrieden; 6. recht haben;

Kapitel 10

1a

		K					T	W	A	N	D	E	R	N	
	H	A	N	D	B	A	L	L				U			
M		R			N							D			
O		A			Z							E			
T		T			S	E	G	E	L	N		R		T	
O		E		R		N				T		N		E	
R			E					A					N		
S	C	H	W	I	M	M	E	N				U		N	
P			T							C				I	
O			E							H				S	
R	G	Y	M	N	A	S	T	I	K			E			
T										N					
		L	E	I	C	H	T	A	T	H	L	E	T	I	K

1b 2. Motorsport; 3. Reiten; 4. Tauchen;
5. Leichtathletik; 6. Handball

2 1. (2) anmelden; (3) beginnt; (4) Plätze;
(5) findet ... statt; (6) Turnhalle;
2. (1) Fitness; (2) Fitnessstudio; (3) Geräte;
(4) vereinbaren; (5) Anfänger; (6) Übungen;
(7) helfen; (8) Erfahrung

3 2. a; 3. b; 4. c; 5. b; 6. c

4a

Nom.	ich	du	er	es
Akk.	mich	dich	ihn	es
Dat.	mir	dir	ihm	ihm

Nom.	sie	wir	ihr	sie/Sie
Akk.	sie	uns	euch	sie/Sie
Dat.	ihr	uns	euch	ihnen/Ihnen

4b 2. sie; 3. mir, sie; 4. dir; 5. ihm; 6. sie

5a 2. Wir erklären euch den Weg. 3. Leiht ihr mir
das Auto? 4. Er schenkt ihr/ihnen die Bücher.
5. Sie zeigt/zeigen uns die Stadt. 6. Empfiehlst
du mir den Kurs?

5b 2. Wir erklären ihn euch. 3. Leiht ihr es mir?
4. Er schenkt sie ihr/ihnen. 5. Sie zeigt/zeigen sie
uns. 6. Empfiehlst du ihn mir?

5c 2. Ja, wir erklären ihn ihnen. 3. Ja, ich bringe
es ihm. 4. Ja, ich kann es ihr anbieten. 5. Ja, ich
empfehle sie ihnen. 6. Ja, wir geben sie dir.
7. Ja, ich zeige ihn Ihnen; 8. Ja, du kannst sie
uns geben.

6 und, der, habe, gelesen, Sie, für, anbieten,
möchte, Sohn, anmelden, ich, noch, paar, Wann,
der, Kurs, Wie, dauert, Wie, Teilnehmer, pro, Gibt,
in, Nähe, Schwimmbads, Mit, Grüßen

7 2. langsamer; am langsamsten; 3. jünger;
am jüngsten; 4. älter; am ältesten; 5. gesünder;
am gesündesten; 6. teurer; am teuersten;
7. höher; am höchsten; 8. besser; am besten;
9. lieber; am liebsten; 10. mehr; am meisten

8a 2. jüngste; 3. lustigsten; 4. meisten; 5. beste;
6. interessantesten

8b 2. netteren; 3. moderneren; 4. bequemere;
5. schöneres; 6. sportlichere

8c 1. schnelleres, schöneren, größte, schnellste,
schönsten; 2. netteren, freundlichere, zufriede-
ner; 3. älterer, jüngerer, wichtigsten, glücklichste

9 1. Handball, Motorsport; 2. Hallenbad, Turnhalle;
3. Handball, Jogginghose, Sporttasche, Tennisschläger, Trikot; 4. Fan, Fitnesstrainer, Fitness-
trainerin. Fußballmannschaft, Jury, Läufer,
Läuferin, Profi, Sieger, Siegerin, Tormann,
Torfrau, Veranstalter, Veranstalterin

10 2. gesiegt; 3. wette; 4. überreden; 5. taucht;
6. Bist ... dabei

Kapitel 11

1a 1. (2) Elternzeit; (3) Elterngeld; (4) verdient;
(5) Haushalt; (6) Karriere; (7) Zeit
2. (1) Bezahlung; (2) Erzieherin; (3) alleinerziehend; (4) Beziehung; (5) Kindergarten;
(6) Teilzeit; (7) Verantwortung

1b 1. Während ich gerne selbstständig arbeite, hat
mein Partner lieber eine feste Stelle. 2. Während
er regelmäßig sein Gehalt bekommt, habe ich
manchmal Probleme mit dem Geld. 3. Während
ich viel Freiheit habe, muss er jeden Morgen um
8 Uhr im Büro sein. 4. Während ich allein zu
Mittag esse, geht er mit den Kollegen in die
Kantine. 5. Während er abends etwas für uns
kocht, arbeite ich noch. 6. Während er gerne ins
Kino geht, gehe ich lieber tanzen. 7. Während
andere Paare viel über solche Fragen streiten,
finden wir immer eine gute Lösung.

1c (2) Seit; (3) bis; (4) wenn; (5) als; (6) bis

2a 2. Ich brauche ihre laute Musik nicht mehr zu
hören. 3. Ich brauche keine Wäsche mehr für sie
zu waschen. 4. Ich brauche nicht mehr mit ihrem
Freund zu streiten. 5. Ich brauche sie morgens
nicht mehr zu wecken.

2b 2. Sie braucht keine Ratschläge mehr von ihm
anzuhören. 3. Sie braucht keine Fußballspiele
mehr mit ihm anzuschauen. 4. Sie braucht
nachts nicht mehr leise zu sein.

3 2. Kinder, Eltern und Geschwister werden eingeladen. 3. Kuchen wird gebacken. 4. Die Kita wird
dekoriert. 5. Getränke werden gekauft.

4a 2. das Risiko; 3. das Gefühl; 4. die Erfindung;
5. sich trennen

4b 1. Risiko; Gefühl; 2. getrennt; Finanzen; fühlen

4c 2. Ist es schlimm? 3. Hast du nicht morgen diese wichtige Präsentation? 4. Natürlich, ich kann mich gerne um deinen Sohn kümmern. 5. Ja klar, du hilfst mir doch auch oft! 6. Ja, um halb acht bin ich da.

5a 1. unsere, welche; 2. deins, meins, keine, seins; 3. deiner, keinen, keine, ihrer, welche

5b passiert, Als, kam, mein,Der, hat, Ich, Meiner, deiner, sagte, hast, gar, hast, eine, recht, hat, recht, war, seiner, der, ihm, gesagt, gibt, Problem, dieser, haben, schon welche, nur, Also, Chef, ihn, gefragt, finde, für, neue, Wollen, nicht, aus, Elternzeit, Wir, dann, noch, der, angerufen, gefragt, doch, früher, Platz, ist, hatten, und, gleich, bekommen, jetzt, mein, auch, seinen, Das, unsere, Neuigkeiten, auch, Schreib, mal

6 2. der Lebensgefährte; die Lebensgefährtin; 3. die Kindertagesstätte; 4. Unterstützung; 5. Gleichberechtigung

7 (2) Kindertagesstätte; (3) Kinderbetreuung; (4) Karriere; (5) Verantwortung; (6) Krise; (7) Beziehung

Kapitel 12

1 2. Einkommen; 2. Heimatland; 4. Friseur; 5. Bürokratie; 6. Weiterbildung; 7. Ausbildung; 8. Beratungsstelle; 9. Studium; 10. Zeugnisse; 11. Unterlagen; Lösungswort: Anerkennung

2a 2. angestellt; 3. besucht; 4. eingeladen; 5. eingerichtet; 6. erreicht; 7. gefunden; 8. frustriert; 9. geprüft; 10. übersetzt

2b 2. übersetzt; 3. eingeladen; 4. gefunden; 5. eingerichtet; 6. angestellt

3 2. a) Von 2013 bis 2017 arbeitete Acheme als Friseur. b) Davor hatte er Deutsch gelernt. c) Jetzt macht er eine Ausbildung als Elektriker. 3. a) Miriam arbeitete als Ärztin in Jordanien. b) Vorher hatte sie Medizin studiert. c) Zurzeit macht sie eine Weiterbildung in Köln. 4. a) Vor einem Monat bekam Abdul Asyl. b) Vorher hatte er ein Jahr auf die Anerkennung gewartet. c) Jetzt sucht er eine Arbeit. 5. a) Mario fand im Mai einen Ausbildungsplatz. b) Vorher hatte er fast ein Jahr gesucht. c) Jetzt ist er glücklich.

4 an; er; erkennen; kennen; anerkennen; beraten; Beratung; Rat; raten; stellen; Stelle; Stellung; Leiter; Leiterin; Leitung; leiten; in

5 2. anpassen; das Anpassen; 3. reparieren; das Reparieren; 4. bearbeiten; das Bearbeiten; 5. beraten; das Beraten; 6. verkaufen; das Verkaufen; 7. verwalten; das Verwalten; 8. arbeiten; das Arbeiten

6 2. der Kontakt, die Linse; 3. das Fenster, das Glas; 4. die Reinigung, die Flüssigkeit; 5. putz(en), das Mittel; 6. der Beruf, das Profil; 7. der Elektriker, die Hand, das Werk; 8. der Beruf, die Beratung, das Gespräch

7 2. g); 3. c); 4. f); 5. d); 6. a); 7. h); 8. b)

8a 2. Wir machen eine Deutschlandreise, nachdem wir die Prüfung bestanden haben. 3. Meine Freunde fahren nach Kanada, nachdem sie ein Visum bekommen haben. 4. Cecilia arbeitet jetzt Teilzeit, nachdem sie eine Tochter bekommen hat.

8b (2) wollte; (3) wollte; (4) blieb; (5) gefunden hatte; (6) stellte ... fest; (7) konnte; (8) gefunden hatte; (9) rief ... an; (10) hatte; (11) angezogen hatte; (12) ging; (13) angekommen war; (14) wurde; (15) kamen

9 1. ~~beraten~~; 2. ~~verkaufen~~; 3. ~~reparieren~~; 4. ~~montieren~~; 5. ~~unterrichten~~; 6. ~~bedienen~~

10 Bildung: die Bescheinigung; die Berufswahl; die Schulbildung; die Sekundarschule; die Sprachkenntnisse; die Weiterbildung; bewerten

11 2. stellen; einreichen; entgegennehmen; 3. einchecken; 4. dokumentieren; 5. auftreten; 6. zusammenbleiben

Kapitel 13

1a 2. e); 3. b); 4. a); 5. h); 6. g); 7. d); 8. f)

1b 2. sich ... engagiert; 3. opfern; 4. sucht; 5. unterstützen; 6. funktionieren; 7. erhalten; 8. verliehen

2 2. Es fehlen freiwillige Helfer, obwohl ein Drittel der Bevölkerung sich für andere Menschen einsetzt. 3. Viele gesellschaftliche Bereiche funktionieren gut, weil es ehrenamtliche Helfer gibt. 4. Tarek arbeitet in seiner Freizeit mit Jugendlichen, obwohl er wenig Zeit hat. 5. Janina organisiert eine Theatergruppe für Senioren, weil sie ihnen eine Freude machen möchte.

3 *maskulin:* eines Mitarbeiters; *neutrum:* des Kindes, eines Kindes; *feminin:* der Chefin; einer Chefin; *Plural:* der Angestellten, Angestellter

3b 2. die Tätigkeit des Fahrers; 3. der Kindergarten meiner Tochter; 4. die Unterstützung der Senioren; 5. die Arbeit des Vereins; 6. das Ergebnis einer Studie

4 1. (2) Trotz; (3) Wegen; 2. (1) Wegen; (2) Während; (3) Trotz; 3. (1) Während; (2) wegen; (3) Trotz

5 2. für; 3. für; 4. um; 5. auf; 6. über

6 2. Die Reparatur des alten Fahrrads dauert lang. 3. Die Fragen der neugierigen Kinder sind lustig. 4. Die Antworten des engagierten Leiters sind freundlich. 5. Die Aufgaben des ehrenamtlichen Helfers sind interessant. 6. Die Hilfe der freundlichen Nachbarin kommt im richtigen Augenblick.

7a *im Garten:* Blumen gießen, Salat pflanzen, Obst ernten; *in der Küche:* Geschirr abwaschen, Zwiebeln schneiden, Suppe kochen; *in der Werkstatt:* Ersatzteile bestellen, Fahrrad reparieren, Reifen aufpumpen; *im Büro:* E-Mails beantworten, Kunden anrufen, Lieferung annehmen

7b *im Garten:* Die Blumen müssen gegossen werden. Der Salat muss gepflanzt werden. Das Obst muss geerntet werden.
in der Küche: Das Geschirr muss abgewaschen werden. Die Zwiebeln müssen geschnitten werden. Die Suppe muss gekocht werden.
in der Werkstatt: Die Ersatzteile müssen bestellt werden. Das Fahrrad muss repariert werden. Die Reifen müssen aufgepumpt werden.
im Büro: Die E-Mails müssen beantwortet werden. Die Kunden müssen angerufen werden. Die Lieferung muss angenommen werden.

8 ich, mich, lange, engagieren, jetzt, ich, Möglichkeit, einem, arbeiten, ich, mache, repariere, mit, Kindern, Fahrräder, habe, zuerst, Kinder, Dann, wir, zusammen, Werkstatt, das, angeschaut, kleiner, hat, sofort, kaputtes, gezeigt, mussten, die, aufpumpen, funktionierte, wieder, der, war, glücklich, stolz, haben, Kinder, ich, Lampen, ein, Fahrrädern, und, Kinder, ihre, geprüft, glaube

9 Lösungsvorschlag: Heute war mein erster Tag in der neuen Firma. Zuerst hatte ich einen Termin im Personalbüro. Dann habe ich mich bei Herrn Baumgarten vorgestellt. Von 11:00 Uhr bis 12:00 Uhr haben wir einen Rundgang durch die Firma gemacht. Danach habe ich bis 13:00 Uhr am Computer gearbeitet. Anschließend habe ich eine halbe Stunde Pause gemacht und mit Kollegen in der Kantine gegessen. Zum Schluss habe ich bis 17:30 Uhr E-Mails beantwortet und Kunden angerufen.

10 1. das Rücklicht; 2. der Reifen; 3. die Klingel; 4. der Lenker; 5. die Lampe; 6. die Luftpumpe; 7. die Ersatzteile

11 2. erfordert; 3. verlässt sich; 4. bedankt sich; 5. verleiht; 6. absagen

Kapitel 14

1 2. Sie brauchen nicht mehr die Gartenarbeit zu machen. 3. Sie brauchen nicht mehr jeden Morgen im Stau zu stehen. 4. Sie brauchen nicht mehr auf den Bus zu warten. 5. Sie braucht keine Möbel zu kaufen. 6. Sie braucht keine Wände anzustreichen. 7. Sie braucht keine Lampen aufzuhängen. 8. Sie braucht keinen Transport zu organisieren.

2a 2. stellen; 3. machen; 4. spielen; 5. Filme; 6. Fotos; 7. Fahrrad; 8. Bilder; 9. Verkehr; 10. Stress

2b mache, meine, grüner, mit, paar, Leuten, wir, der, Wir, Park, oder, Blumen, uns, nicht, Ungefähr, zwei, sind, unterwegs, natürlich, wir, regelmäßig, unsere, Wenn, heiß, gießen, sie, die, ernten, essen, selbstverständlich, zusammen, finden, unsere, gut, haben, noch, bekommen

3a 1. Einwohner; 2. Sprachförderung; 3. Grundschule; 4. Hausaufgabenbetreuung; 5. Bücherei; 6. Integration;

3b 1. Kollegen; Polizist; Polizisten; Journalisten; 2. Herrn; Praktikanten; Kollege; Student; Studenten; Praktikant; Herr; 3. Nachbarn; Mensch; Herrn; Menschen

4 (2) mein Name ist; (3) mich bitte mit ihr verbinden; (4) Ihnen vielleicht weiterhelfen; (5) ich kann leider nicht kommen; (6) gerne Bescheid; (7) Entschuldigung, könnten Sie; (8) für Ihre Hilfe

5a 2. der; 3. die; 4. den; 5. das; 6. die

5b 2. Die Filme, für die ich mich interessiere, findet sie auch interessant. 3. Das Einweihungsfest für ihre neue Wohnung, zu dem ich eingeladen bin, ist am Samstag. 4. Sie hat mir die Einladung, über die ich mich sehr gefreut habe, gestern gegeben. 5. Warum warst du denn am Samstag nicht bei dem Fest, auf das du dich so gefreut hast? 6. Das war der Termin, an den ich leider nicht gedacht habe. 7. Die Kollegen, mit denen ich gesprochen habe, waren ganz traurig, dass du nicht da warst.

6 1. a); 2. b); 3. a); 4. a); 5. b); 6. b); 7. c); 8. a); 9. a); 10 c)

7 2. h): Sie hat sich für alles entschuldigt, was sie am ersten Tag gesagt hat.
3. a): Das Büro, wo sie arbeitet, ist schöner als das von der letzten Chefin.
4. g): Und das Restaurant, wo ihre Willkommensfeier war, war ganz toll.
5. b): Es gibt noch etwas, was ich dir sagen muss: Ich verdiene jetzt auch mehr!
6. d): Alles, was ich tun musste, war, die neue Chefin zu fragen!
7. f): Das ist doch etwas, was wir feiern müssen!
8. c): Das Café, wo wir feiern, darfst du aussuchen!

8 (2) Vorteile; (3) eigenen; (4) beginnen; (5) Punkt; (6) sehe; (7) Schluss; (8) Aufmerksamkeit; (9) Fragen

9 *Musikinstrumente:* die Gitarre; die Flöte; das Klavier; die Trompete; *Berufe:* der Komponist; die Komponistin; der Polizist; die Polizistin; der Bürgermeister; die Bürgermeisterin; *in der Gemeinde:* die Krippe; die Musikschule

10 2. die Fortsetzung; 3. die Integration; 4. der Komponist; 5. entschließen; 6. abrechnen; 7. sammeln; 8. verbinden

Kapitel 15

1a *Nomen:* das Museum, die Museen; die Sehenswürdigkeit, die Sehenswürdigkeiten; die Oper; die Opern; das Gebäude, die Gebäude; der Stadtplan, die Stadtpläne; die Unterkunft, die Unterkünfte; das Denkmal, die Denkmäler; das Gasthaus, die Gasthäuser; das Kunstwerk, die Kunstwerke; die Kirche, die Kirchen; das Hotel, die Hotels; das Theater, die Theater; das Schloss, die Schlösser; der Club, die Clubs; der Park, die Parks; die Stadtrundfahrt, die Stadtrundfahrten; die Innenstadt, die Innenstädte; das Konzert, die Konzerte; der Reiseführer, die Reiseführer; das Hostel, die Hostels ; das Kaffeehaus, die Kaffeehäuser
Verben: besichtigen; ausgehen; besuchen
Adjektive: touristisch; sehenswert

1b 1. Hostel: 2. Rundfahrt, Sehenswürdigkeiten; 3. Stadtplan, Reiseführer; 4. gehen … aus, Oper, Club; 5. Museum, sehenswerte, Kunstwerke; 6. besichtigen, Park

2a 2. Sandra hatte den Bus verpasst und ich hatte keinen Parkplatz gefunden. 3. Wir konnten den Film nicht sehen, denn es gab keine Karten mehr. 4. Nächstes Mal kaufen wir die Karten im Internet oder wir gehen früher los.

2b 2. obwohl; 3. Bevor; 4. damit; 5. Wenn; 6. dass

2c 2. Der Maler ist nicht sehr bekannt, trotzdem wollen viele Leute die Ausstellung sehen. 3. Die Kunstwerke gefallen Luc sehr, deshalb bleibt er viele Stunden im Museum. 4. Man darf die Bilder nicht fotografieren, deshalb kauft er einen Katalog. 5. Er ist sehr müde, trotzdem liest er noch lange im Katalog.

2d 2. aber; 3. und; 4. trotzdem; 5. Wenn; 6. oder; 7. dass; 8. denn; 9. Obwohl; 10. weil

3 1. die Literatur, das Buch, die Bücherei; 2. der Film, das Kino, die Vorführung; 3. das Museum, die Ausstellung, das Bild, das Kunstwerk; 4. das Restaurant, die Bedienung, die Speisekarte; 5. der Jahrmarkt, die Achterbahn, das Karussell, das Riesenrad; 6. die Sehenswürdigkeit, das Denkmal, die Stadtführung, das Wahrzeichen

4 2. e): Ich schlage vor, dass wir ganz früh morgens losfahren.
3. b): Zum Mittagessen könnten wir dort ein Picknick machen.
4. f): Ich würde morgen lieber die Altstadt besichtigen.
5. a): Ich hätte auch Lust, mit dir in ein Museum zu gehen.
6. c): Und wie wäre es am Abend mit einem Besuch auf dem Jahrmarkt?

5a *Nominativ:* das große Kaufhaus, ein großes Kaufhaus; die gute Bäckerei, eine gute Bäckerei; die internationalen Läden, internationale Läden; *Akkusativ:* den frischen Fisch, einen frischen Fisch; das warme Brot, ein warmes Brot; die exotische Papaya, eine exotische Papaya; die süßen Äpfel, süße Äpfel; *Dativ:* dem vollen Bus , einem vollen Bus; dem neuen Fahrrad , einem neuen Fahrrad; der gemütlichen Straßenbahn , einer gemütlichen Straßenbahn; den schnellen Zügen, schnellen Zügen

5b 1. Heute im Angebot: französisch*er* Käse, argentinisch*es* Rindfleisch, frisch*e* Ananas und verschieden*e* Kuchen. 2. Wir brauchen gut*en* Kaffee, hell*es* Bier, frisch*e* Milch und drei groß*e* Flaschen Wasser. 3. Dieses Fleisch schmeckt am besten mit grün*em* Salat oder frisch*em* Gemüse, zum Beispiel aus bunt*er* Paprika und reif*en* Tomaten.

5c (2) elegant*e*; (3) modern*e*; (4) bunt*e*; (5) modern*e*; (6) ganz*en*; (7) regional*es*; (8) frisch*en*; (9) gesund*e*; (10) traditionell*en*; (11) köstlich*e*; (12) gemütlich*es*; (13) schön*em*; (14) wunderbar*en*

6 (2) über; (3) zu; (4) um ... herum; (5) zu; (6) durch; (7) gegenüber

7 sehr, Ich, dich, verstehen, auch, bin, zwei, aufgewachsen, Eltern, aus, und, nach, gekommen, ich, sehr, war, Hause, wir, gesprochen, der, und, meinen, Deutsch, war, immer, Aber, arbeite, als, und, immer, fest, super, sich, zwei, auszukennen, ich, mich, beiden, Hause

8 2. Schlagsahne; 3. Tierpark; 4. Export; 5. Fachmann

9 2. handelt mit; 3. berücksichtigen; 4. dreht sich; 5. hängen von ... ab; 6. angenommen; 7. verurteilt

Kapitel 16

1 leben, sich, Frage, einbürgern, wollen, Einbürgerung, Entscheidung, überlegen, manchen, Deutsche, wollen, Pass, gibt, Bürokratie, haben, wenig, der, Staatsangehörigkeit, abgeben, sind, gegen, Manche, dass, mit, Pass, Augen, immer, bleibt, sehen, Nachteile, Für, gibt, Möglichkeit, Staatsangehörigkeit

2 2. Maryam kommt entweder aus Syrien oder aus dem Irak. 3. Sergio will entweder Wirtschaft studieren oder eine Ausbildung machen. 4. Entweder will Cem verreisen oder den Führerschein machen. 5. Wir können entweder zusammen kochen oder eine Pizza bestellen. 6. Um abzunehmen, müsst ihr entweder Sport machen oder weniger essen.

3 Staatsbürger/in; Antragsformular; Aufenthaltserlaubnis; Gesellschaft; unbefristet; Wahlrecht; Staatsangehörigkeit; Integrationskurs; Bürgerbüro

4 2. Einen formellen Brief fängt man am besten so an: 3. Schreib doch etwas 4. Du solltest unbedingt etwas darüber schreiben, 5. Es ist völlig egal, was du schreibst,

5 2. (be)antworten; 3. (be)danken; 4. einbürgern; 5. bitten; 6. grüßen; 7. helfen; 8. vertreten; 9. übersetzen; 10. lösen

6 (2) Einbürgerung; (3) vertreten; (4) helfen; (5) lösen; (6) Antwort; (7) danke; (8) Hilfe

7 1. d); 2. b); 3. c); 4. f); 5. a); 6. e)

8 1. sowohl ... als auch; 2. weder ... noch; 3. entweder ... oder; 4. sowohl ... als auch; 5. entweder ... oder; 6. weder ... noch

9 2. aussehend*e*; 3. Kochend*e*; 4. funktionierend*en*; 5. laufend*em* Zuordnung Sätze – Bilder: 2.; 3.; 1.; 4.; 5.

10 (2) gelernten; (3) gewünschten; (4) befristeten; (5) vereinbarte; (6) besuchten

11 2. ~~bestehen~~; 3. ~~besuchen~~; 4. ~~mitbringen~~; 5. ~~machen~~; 6. ~~kaufen~~; 7. ~~besuchen~~; 8. ~~zeigen~~

12 2. nahmen ... entgegen; 3. ein Zeichen für; 4. vor dem Gesetz; 5. Erfahrungen gemacht; 6. geprägt von; 7. einen Pass ausstellen; 8. in Frieden und Freiheit

13 2. Gesetz; 3. Wahlrecht; 4. Probezeit

14 1. unbefristet; 2. humorvoll; 3. illegal; 4. unmusikalisch

Quellen

S. 3 _Hermann Dörre, München

S. 6 Shutterstock (Iakov Filimonov)

S. 7 Shutterstock (Andrey_Popov)

S. 10 Hermann Dörre, München

S. 11 Shutterstock (Crosssun)

S. 12 Shutterstock (FabrikaSimf)

S. 16 Shutterstock (Roberto Caucino)

S. 17 Hermann Dörre, München

S. 18 Fotolia (JackF)

S. 19 oben: Shutterstock (nanovector); unten: Fotolia (spuno)

S. 22 Shutterstock (Nomad_Soul)

S. 23 Fotolia (ARochau)

S. 28 Shutterstock (Blend Images)

S. 29 Shutterstock (Sergey Nivens)

S. 31 Shutterstock (MilanMarkovic78)

S. 34 Shutterstock (Monkey Business Images)

S. 35 Shutterstock (SFIO CRACHO)

S. 36 Shutterstock (Blaj Gabriel)

S. 37 Shutterstock (mangostock)

S. 40 Shutterstock (Macrovector)

S. 41 Shutterstock (Stock Rocket)

S. 42 1. Shutterstock (fotoknips); 2. Shutterstock (Iakov Filimonov); 3. Shutterstock (nd3000);

S. 43 Shutterstock (goodluz)

S. 46 Shutterstock (Pavel L Photo and Video)

S. 48 1. Shutterstock (Tatyana Vyc); 2. Shutterstock (stockphoto-graf); 3. Shutterstock (CWIS); 4. Shutterstock (Beautyimage); 5. Shutterstock (PhotographyByMK); 6. Shutterstock (hideto111); 7. Fotolia (M. Schuppich); 8. Shutterstock (topseller)

S. 49 Shutterstock (funnyangel)

S. 53 Shutterstock (Helder Almeida)

S. 54 oben: Shutterstock (goodluz); unten: Shutterstock (Ivan V. Lebedev)

S. 55 Shutterstock (SpeedKingz)

S. 58 Shutterstock (SoleilC)

S. 60 Shutterstock (BRG.photography)

S. 64 oben: Shutterstock (vgstudio); Mitte: Shutterstock (mimagephotography); unten: Shutterstock (CandyBox Images)

S. 65 Shutterstock (Lisa F. Young)

S. 66 Shutterstock (SpeedKingz)

S. 70 Shutterstock (This Is Me)

S. 71 Shutterstock (Lisa S.)

S. 72 Shutterstock (Monkey Business Images)

S. 73 Shutterstock (Bacho)

S. 76 Fotolia (Frank Gärtner)

S. 77 1. Shutterstock (Evan McCaffrey); 2. Shutterstock (BlueSkyImage); 3. Shutterstock (connel)

S. 78 1. Shutterstock (Alita Xander); 2. Shutterstock (wavebreakmedia); 3. Shutterstock (VectorLifestylepic); 4. Shutterstock (Dragon Images)

S. 82 Shutterstock (Dragon Images)

S. 83 Fotolia (De Visu)

S. 84 Shutterstock (Maksim Shmeljov)

S. 85 Shutterstock (SpeedKingz)

S. 88 Shutterstock (Artem Efimov)

S. 89 Shutterstock (Netfalls Remy Musser)

S. 90 oben: Shutterstock (thodonal88); Mitte: Shutterstock (Nosyrevy); unten: Shutterstock (Dionisvera)

S. 91 oben: Shutterstock (Sorbis); unten: (Kuzma)

S. 94 Shutterstock (LifetimeStock)

S. 95 Shutterstock (Daniel M Ernst)

S. 96 links: Shutterstock (Manfred Steinbach); Mitte: Fotolia (Gerhard Seybert); rechts: Lutz Rohrmann, Eunapolis

S. 97 Shutterstock (Oleg Mikhaylov)